沖縄の風よ薫れ

「平和ガイド」ひとすじの道

糸数慶子
Itokazu Keiko

高文研

もくじ（小見出し一部略）

II

III

装丁＝商業デザインセンター：増田 絵里

写真で見る
糸数慶子　活動記録
沖縄の議員として、母として

辺野古の美《ちゅ》ら海に新たな基地は造らせない！

米軍基地の縮小・撤去を求める沖縄県民の願いを逆手にとり、世界一危険な普天間基地の返還が名護市辺野古への移設（新基地建設）にすり替えられて16年。１９９７年12月、名護市民が住民投票で示した「新基地建設ＮＯ」の意思は踏みにじられ、日米両政府は圧力・脅し、「振興策」など〝アメとムチ〟のあらゆる方法を駆使して住民を分断し、基地を押しつけようとしてきました。

これに対し、沖縄戦を生き延び、海の恵みで戦後を生き抜いてきた地元のお年寄りたちは「海は命の恩人。基地に売り渡すわけにはいかない」と反対運動の先頭に立ち、住民・市民の粘り強い運動が全県・全国・世界的な共感を得て、辺野古・大浦湾の美しい海に未だ1本の杭も打たせていません。

２０１０年２月、「海にも陸にも基地は造らせない」と公約する稲嶺進・名護市政が誕生。条件付き容認派だった仲井眞弘多・沖縄県知事も「県外移設」へと方針転換し、新基地建設に向けた政府の環境アセスメントに対して「自然環境の保全は不可能」という厳しい知事意見を突きつけました。「県内移設反対」は今や、オール沖縄の動かし難い県民意思となっています。

〈08・12・20〉名護市民投票 11 周年の日の前日。新基地建設反対の座り込みに参加。早朝、おじぃおばぁと海に向って反対運動の安全祈願をしました。※冒頭の〈08・12・20〉は、〈08 年 12 月 20 日〉以下、同じ。

雨の日も風の日も、座り込みは2000日に達した

〈09・10・10〉辺野古座り込み8年・2000日市民集会に参加した後、孫たちと。

さらに3000日も超える

〈12・7・4〉名護市民会館での「辺野古座り込み3000日のつどい」に参加。

座り込みの海辺で迎える初日の出

〈13・1・1〉前年末の総選挙で自民党安倍内閣が誕生、辺野古への新基地建設で圧力を強めてくることが予想されます。みんなで力を合わせてこの美しい海に基地は造らせない、と初日の出に誓いを新たにしました。辺野古のテント村のみなさんとともに。

〈10・1・1〉名護市長選挙の年明け、辺野古にて、稲嶺進名護市長選挙予定候補者（中列右端）や辺野古のみなさんと初日の出を待ちました。

辺野古アセス評価書強行搬入に抗する人びと

〈11・12・28〉左から山内徳信、赤嶺政賢、照屋寛徳議員ら沖縄選出国会議員で、「環境影響評価書の強行搬入に抗議する」緊急記者会見を行いました。

〈12・1・4〉沖縄防衛局による環境影響評価書の強行搬入に、12月29日～1月4日まで正月休みを返上して県庁内で市民の監視行動が行われました。

やんばるの森を守れ！
東村高江へのヘリパッド新設に抗して

辺野古新基地（オスプレイ用訓練基地）と連動する東村高江へのヘリパッド（オスプレイパッド）新設。固有種の宝庫であり世界自然遺産の候補地である、やんばるの森の約8千ヘクタールを占める米海兵隊北部訓練場（ジャングル戦闘訓練センター）の過半の返還が1996年12月（SACO最終報告）に発表されたものの、それはヘリパッド新設の条件付きでした。森の中核部分に建設する当初の計画は、科学者や地元住民の反対で見直されましたが、それに代わって高江集落を取り囲むように6つのヘリパッド建設が計画されています。

山里の静かな暮らしを壊して欲しくないという高江住民のささやかな願いを日本政府はスラップ（嫌がらせ）訴訟で弾圧し、現在も係争中。現場では、2012年10月に沖縄配備されたオスプレイが低空飛行やタッチ・アンド・ゴーを繰り返し、森の生き物たちや住民を脅かす中、建設作業を暴力的に強行する沖縄防衛局・請負業者と、座り込みを続ける住民・支援者との激しい攻防が現在も続いています。

米軍ヘリパッド建設予定地（6カ所）

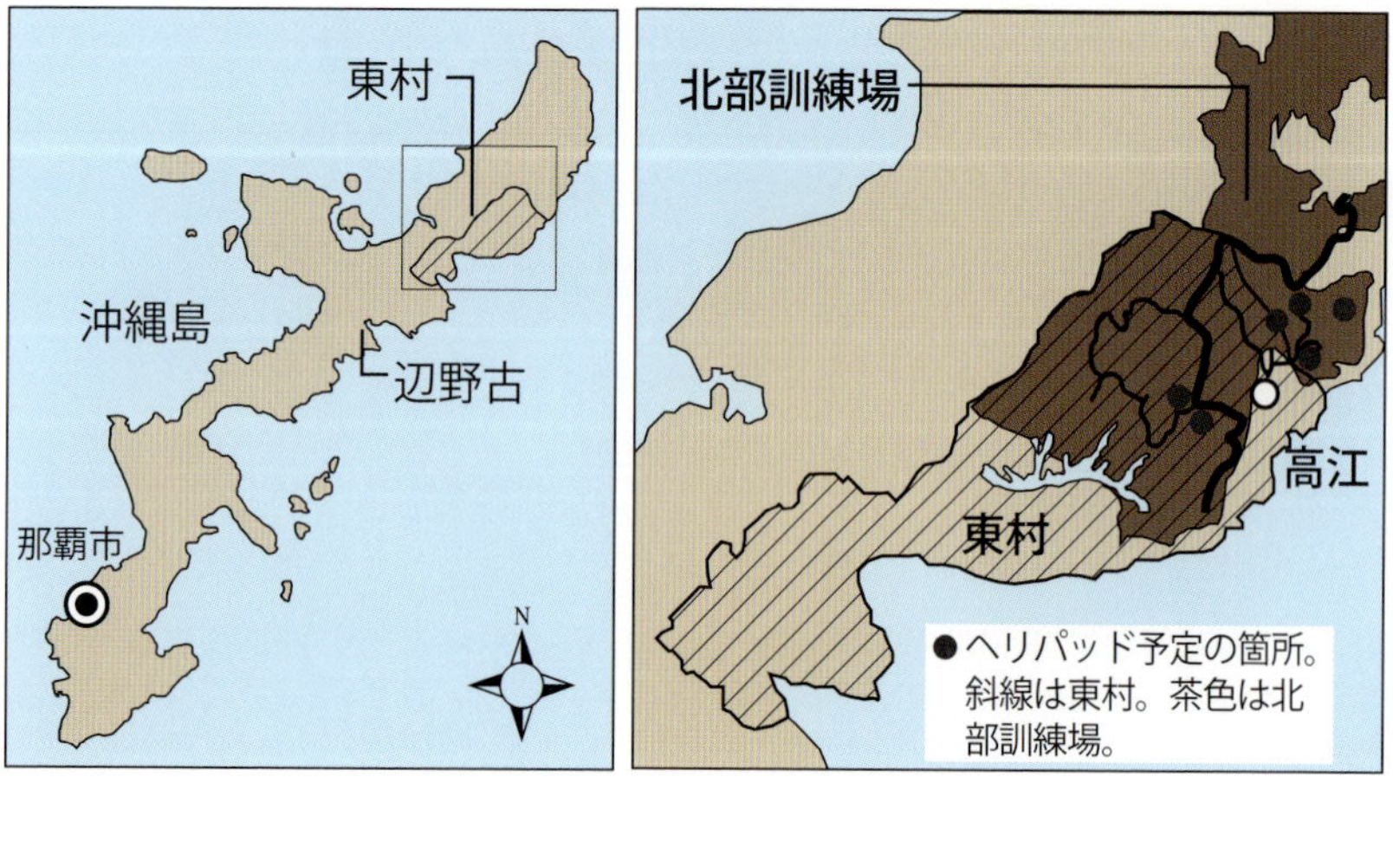

〈09・1・4〉東村高江でヘリパッド移設に反対する座り込みの現場を弁護団（団長・池宮城紀夫弁護士）とともに視察。住民の説明を聞きました。

〈13・2・19〉高江スラップ訴訟の控訴審の傍聴に行きました（福岡高等裁判所那覇支部）。裁判所前での事前集会が行われ、「ヘリパッドいらない住民の会」のみなさん、支援者と、裁判勝利と建設断念をめざしてたたかう決意を交わしました。建設強行で起こった土砂崩れ・赤土流出の状況報告をする真喜志好一さん（手前、平和市民連絡会）。

高江スラップ訴訟とは

２００８年12月、国＝沖縄防衛局は8歳の子どもを含む高江住民ら15人に対し「通行妨害禁止の仮処分命令」を申し立てました。生活と自然環境を守りたいと、ヘリパッド建設に反対して非暴力の座り込みを行ったり、実情を訴え支援を呼びかけることが「通行妨害」に当たるというのです。

これは、国家権力が司法を使って正当な住民運動を弾圧するスラップ訴訟に当たるとして、憲法で保障された「平和的生存権」や「表現の自由」を守るため、30人以上の弁護士による「ヘリパッドいらない弁護団」が結成されました。住民らの抗議で子どもに対する申し立ては取り下げられたものの、那覇地裁は住民14人中、２人に対する仮処分を決定。２０１０年1月、沖縄防衛局は２人に対する本訴訟を提起しました。

片道3時間もかかる那覇地裁通いを強いられながら2年以上続いた訴訟で、国家権力の不当性と住民側の正当性が明らかになったにもかかわらず、２０１２年３月に出された判決は、同じ行動をしていた2人のうち1人に対する防衛局の請求は棄却、１人に対して「通行妨害禁止」を命じるという不当判決でした。

住民側はこれを不服として控訴し、現在、高江現場での座り込みと並行して、控訴審が続行中です。

〈10・12・23〉東村高江のヘリパッド建設予定地を訪れ、建設に反対し座り込みを続けるみなさんを女性議員の仲間で激励しました。

〈11・2・23〉防衛局がヘリパッドの工事を再開。高江に駆け付け「早朝の工事は異常。地域住民の生活を無視したやり方は許せない」と抗議しました。

〈12・8・7〉「基地の県内移設に反対する県民会議」と「ヘリパッドいらない住民の会」のメンバー 40 人で東村役場を訪ね、伊集盛久村長に米軍北部訓練場の一部返還に伴う、高江のヘリパッド移設工事の中止を防衛局に求めるよう要請しました。

宜野湾市・普天間基地

「世界一危険」な基地の撤去は県民の悲願

宜野湾市の面積の四分の一を占める米海兵隊普天間飛行場は、市のど真ん中にドーナツの穴をくりぬくように居座り、学校や住宅密集地にあるため「世界一危険」な基地と言われています。戦前は集落や豊かな田畑があり、南北を結ぶ交通の要衝でしたが、１９４５年、沖縄に上陸した米軍が、日本軍との戦闘の傍ら、民間地を接収して日本本土攻略のための基地建設を行ったのが普天間基地の始まりです。

居住地を追われた住民は基地の周辺に住むことを余儀なくされ、日本復帰後も今日まで、昼夜を問わない激しい爆音や事件・事故、さまざまな身体的・精神的被害に苦しめられてきました。

普天間基地の閉鎖・撤去は宜野湾市民だけでなく沖縄県民の悲願となっていますが、日米両政府は、その願いを、老朽化した普天間基地の移設＝名護市辺野古への新基地建設へとすり替えたため、名護市民・県民の猛反発に遭い、実現していません。２００４年８月、隣接する沖縄国際大学の校舎に普天間基地所属の大型ヘリが激突・炎上した大事故は、奇跡的に大学や住民の死傷者が出なかったものの、普天間基地の危険性を内外に知らせ、閉鎖・撤去の声はますます強くなっています。

しかし２０１２年10月、危険な基地をさらに危険にする欠陥機ＭＶ22オスプレイがオール沖縄の反対にもかかわらず強行配備され、基地のゲートは怒り抗議する市民・県民によって一時封鎖されました。

〈08・８・21〉「米軍ヘリ墜落４年　動かせ普天間！　許すな県内移設！８・21抗議集会」に参加。

〈10・5・16〉豪雨の中で行われた普天間基地包囲の県民大行動。「沖縄を返せ」の歌を「普天間を返せ」と歌詞を替えて、普天間基地返還を訴えました。

〈12・9・9〉「オスプレイ配備反対県民大会」、10万人以上の参加者とともに「配備反対」を訴えました。

〈12･10･４〉オスプレイ配備撤回を求めて、普天間野嵩ゲート前で道行く車にアピール。

〈13・１・27〉「オスプレイ配備撤回・東京大行動」日比谷野外音楽堂に４千人を集め集会。沖縄の全41市町村長、議会議長、県会議員ら150名の要請団と銀座通りをパレードしました。

米軍人・軍属による事件・事故・犯罪は絶えない

戦後70年近く経ったいまも、国土のわずか0・6％の面積に米軍専用施設の74％が集中し、在日米軍の軍人・軍属・家族9万人余の約半数がいる沖縄で、「米軍人・軍属・その家族等による事件・事故・犯罪」が絶えることはありません。米軍政下は言うに及ばず、近年の統計でも年間千件近くに及ぶことが指摘されていますが、表に出るのはそのうちの氷山の一角にすぎません。

強姦、暴力、ひき逃げ、住居侵入など米兵による悪質な事件に対して県民の怒りが噴出するたびに、米軍は「綱紀粛正」「再発防止」を唱えますが、不平等な「日米地位協定」にも阻まれて、根絶にはほど遠いのが実態です。

糸数慶子が共同代表を務める「基地・軍隊を許さない行動する女たちの会」は、軍隊による性暴力、女性や子どもたちが安全に暮らせない沖縄の状況を告発し、「軍隊は構造的暴力組織であり、基地・軍隊がある限り事件・事故・犯罪はなくならない」という認識のもとに、これらを根絶する根本的な解決として、軍隊の撤退・基地の撤去を強く求めています。

〈12・10・17〉「米海軍兵による集団強姦致傷を糾弾する抗議集会」が、米軍四軍調整官事務所のあるキャンプフォスター石平ゲート前で行われ、暴風警報発令の中、100名余の県民が集まりました。

〈09・11・13〉読谷村トリイステーションで行われた「米兵によるひき逃げ死亡事故糾弾・緊急抗議集会」。生まれ故郷で起きた事件に「いても立ってもいられなかった」と、国会会期中にもかかわらず東京から駆け付けました。

〈12・11・6〉「米兵による集団強姦（ごうかん）致傷事件に抗議し、オスプレイ撤去を求める女性集会」。超党派の約 350 人が集まり、相次ぐ事件に強い憤りを表明。全米兵の基地外行動の禁止や、すべての米軍基地の撤去を要求する抗議文を採択。私は「綱紀粛正策は何の意味も持たない。軍隊による事件・事故の犠牲はいつも女性や子どもたちだ」と訴えました。

〈11・6・26〉北中城村中央公民館で「不平等な日米地位協定を許さない抗議集会」が開かれました。私は「菅直人首相は、残りの任期中に沖縄の負担軽減の一つでも実現してほしい。それが協定の改定だ」と強調しました。県関係国会議員６人も参加しました。

〈12・１・９〉前年１月、成人式に出席するため就職先の愛知県から帰省中だった会社員の與儀功貴さん＝当時 19 歳＝が米軍属による交通事故で亡くなってから一周忌を迎えるのを前に、遺族を支える会は、北谷ニライセンターで「改定せよ！　日米地位協定報告会＆ミニコンサート」と題し集会を開催しました。

訪米して訴える
米側の反応、日本政府の対応

２０１２年１月22〜28日、「アメリカへ米軍基地に苦しむ沖縄の声を届ける会」訪米団（沖縄選出国会議員、県議会議員、市町村議員、市民団体代表など24人。団長・山内徳信参議院議員）が、①普天間飛行場の即時閉鎖・返還　②辺野古新基地建設計画の中止　③嘉手納統合反対、海兵隊の県外・国外移転　④高江ヘリパッド建設中止　⑤日米地位協定改正　の５項目の要請を携えて、米上下院議会、シンクタンク、ＮＧＯなど61の議員や補佐官に面談し、沖縄の現状を訴え、現地記者会見などを行いました。

それを受けて、米国会議員がオバマ大統領に、海兵隊の沖縄からの撤退を求める書簡を出したり、保守系に近いシンクタンクが「沖縄を沖縄県民に返せ」というタイトルの論説を出すなどの効果が現れています。沖縄県民の声を米国に伝えようとしない日本政府に代わって、県民代表が直接外交を行い、米国を動かし始めたと言えるでしょう。

続いて２月には稲嶺進・名護市長も訪米し、新基地建設に反対する地元の声を直接、米国に伝えました。

〈12・１・25〉要請の合間に糸数チームで記念撮影。左より新垣翔士さん（與儀功貴君の遺族を支える会）、山内末子県議、池宮城紀夫弁護士、糸数、津波古良幸さん（宜野湾市職員）、同行したジャーナリストの高嶺朝太さんと通訳の乗松聡子さん。

〈12・１・25〉カリフォルニア選出民主党下院議員のジャッキー・スペアさん（左奥、軍隊における性暴力に関心を持つ）に辺野古の地図を使って説明。

〈12・１・27〉最終日、ワシントンＤＣで記者会見を行いました。

もう戦争には加担しない
沖縄は平和の島、基地はいらない！

沖縄戦の地獄を逃げまどい、家族を戦火に奪われて、ようやく生き延びた沖縄の人々は戦争への強い拒否と平和への熱い希求を胸に戦後の生活を始めました。しかしながら、その願いを踏みにじるように沖縄は米軍政下に置かれ、米軍による世界支配のための「太平洋の要石」と位置づけられ、ベトナム戦争時には、その出撃基地として現地の人々から「悪魔の島」と呼ばれました。

そんな中で、平和憲法を持つ日本への「祖国復帰運動」が燃えさかり、１９７２年、沖縄は27年間の米軍政から日本国に「返還」されましたが、その内実は沖縄の人々が願っていた「基地のない平和な島」とはほど遠いものでした。それどころか逆に、日本本土にあった米軍基地が次々に沖縄へと移転され、沖縄の基地負担がますます重くなるスタートでしかなかったのです。

現在も米軍は、日本政府による莫大な「思いやり予算」に支えられて沖縄に居座り続け、中国や北朝鮮の「脅威」を煽って、軍備強化や日本の自衛隊との共同訓練・共同作戦などの連携を強めています。さらに日本政府自体が、与那国島をはじめ宮古・八重山の「国境地域」への自衛隊配備を進めつつあり、地元住民から不安や反対の声が上がっています。

「国防軍の創設」や「憲法改正」をめざす安倍政権の誕生で軍事力強化の危機が強まっている今こそ、戦争に加担するのではなく、東アジアをはじめ世界を結ぶ「平和の要石」になりたいという沖縄の願いを、ますます強く打ち出していく必要があります。

〈08・５・２〉戦闘機の未明の離陸に、「住民の生活を破壊するＦ15は即時撤去せよ！　米軍の暴挙を絶対に許さない緊急抗議集会」（嘉手納町・安保の見える丘）。

〈09・7・28〉「与那国島をはじめとする県内各離島への自衛隊配備に反対する7・28集会」に参加、パレードも行いました。

〈12・5・11〉2012年「5・15平和行進」の初日、県民ひろば（県庁前）で行われた「南コース」の出発式で激励のあいさつをした後、行進にも加わりました。

〈10・10・8〉浦添市のてだこホールで、「平和」・「当たり前」を考えるシンポジウム（主催・沖縄自然館、共催・ＮＰＯ法人テラ・ルネッサンス）に参加しました。私は沖縄から見る平和の視点、子どもの貧困の問題をお話ししました。登壇者は沖縄教育出版の川畑保夫さん、音楽家の海勢頭豊さん、テラ・ルネッサンスの小川真吾さんとトシャ・マギーさん（おふたりともウガンダでの現地スタッフ）、コーディネーターはテラ・ルネッサンス代表理事の鬼丸昌也さんでした。

〈10・10・8〉第二部では、テラ・ルネッサンスの小川真吾さんとトシャ・マギーさんの結婚報告パーティーが開催され、おふたりにお祝いの花束を手渡しました。

〈2012年5月18日付『沖縄タイムス』から〉「望んだのは基地のない本土復帰だ」と県と政府が共催する復帰40周年記念式典への欠席理由を語る糸数慶子参院議員。15日は式典ではなく垂直離着陸輸送機MV22オスプレイ配備反対の座り込みと復帰抗議集会に参加。40年前の復帰の年を振り返り「子どもが生まれた年であのころは心から喜んだ。でも孫ができた今でも基地の重圧は変わらない」と胸中を明かした。

〈12・12・23〉オスプレイの強行配備や相次ぐ米兵犯罪に対する怒りを、音楽や踊りで表現する「怒りの御万人大行動（うまんちゅパレード）」（主催・同実行委員会）が開かれ３千人が参加。宜野湾海浜公園から米軍普天間飛行場大山ゲート前まで、サウンドパレードと題してデモ行進しました。

沖縄戦——「命《ぬち》どぅ宝」を胸に刻んで

逃げ場のない狭い島で地上戦が繰り広げられ、凄惨を極めた沖縄戦。多くの住民が戦闘の巻き添えになっただけでなく、日本軍による食糧強奪や避難壕追い出し、強制「集団自決」、14～15歳の少年少女たちまで「鉄血勤皇隊」「護郷隊」「看護隊」として戦闘に駆り出され、また、対馬丸をはじめ、子どもたちを乗せた疎開船が撃沈されるなど、島の人口の四分の一が失われました。

沖縄県は1995年、沖縄戦で亡くなった約20万人と言われるすべての人々を国籍や軍人・民間人を問わず刻銘する「平和の礎《いしじ》」を、最大の激戦地であった糸満市摩文仁に建設。戦争は誰にとっても益するものはないとして、「命どぅ宝」＝平和を希求する「沖縄の心」を発信しました。

しかしながら、沖縄戦から68年を経た今も、島の山野に埋もれたままの遺骨や不発弾が残り、地道な遺骨収集作業や不発弾撤去が行われています。また、沖縄戦をようやく生き延びた人々の心の傷は未だ癒えることなく、トラウマに悩まされ続けています。現在も居座り続ける米軍基地から発する爆音や事件・事故がその傷をいっそう深め、戦争体験者たちは、沖縄に配備されたオスプレイの轟音を聞くたびに、「また戦争が始まるのではないか」という恐怖に駆られると語ります。

〈09・8・22〉「対馬丸慰霊祭」に出席。「放蝶の儀」——死者の魂は蝶となって飛んでいくといわれるので、オオゴマダラを放ち冥福を祈りました。

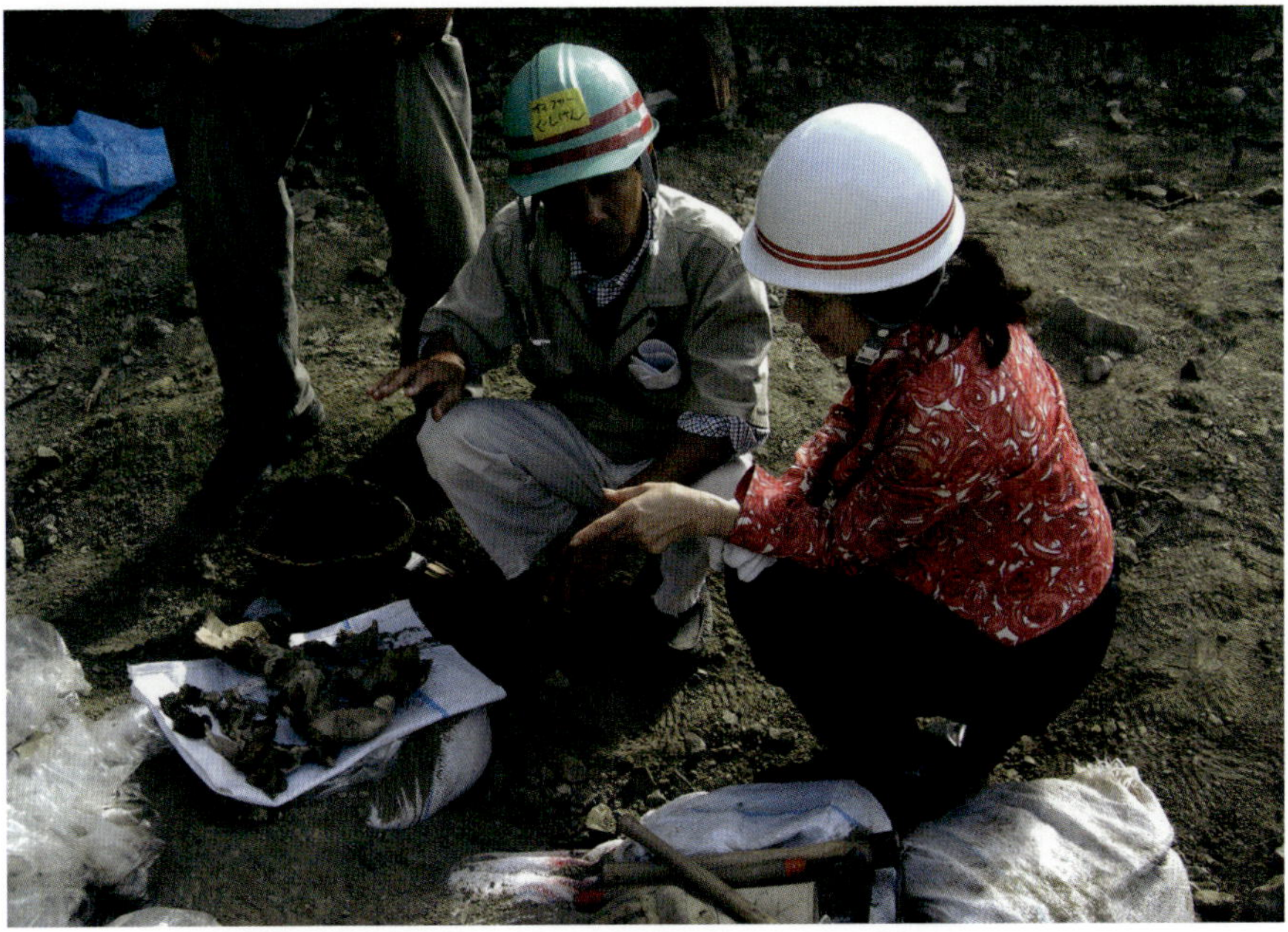

〈09・12・11〉那覇市真嘉比地区での遺骨収集作業の現場を視察しました。遺骨収集ボランティア・ガマフヤーの会代表の具志堅隆松さんから説明を受けました。視察の後、那覇市の事業継続を求め要請を行いました。

〈12・3・5〉与那原町運玉森での遺骨収集現場を視察。

〈11・６・23〉66 回目の慰霊の日。糸満市摩文仁の平和祈念公園で沖縄全戦没者追悼式が行われました。兄と叔父の名前が刻銘された平和の礎に、手を合わせました。ひめゆりの塔慰霊祭、白梅之塔慰霊祭にも参列しました。

〈11・９・29〉教育福祉会館で「教科書に沖縄戦の真実を～県民大会４周年集会」が開催されました。４年前、高校日本史の教科書に、日本軍の命令により多くの一般住民が死に追いやられたという事実を、しっかりと教科書に記述させようと多くの県民が大会に足を運びました。八重山地区の中学校社会科教科書の採用問題もあり、会場に入りきれないほどの県民が集いました。

平和ガイド　糸数けいこと学ぶピースツアー

〈06・6・17〉嘉数高台で、沖縄戦時の中部戦線の様子と普天間基地をめぐる現在の問題をお話ししました。

〈06・6・17〉座喜味城址にて参加者一同と。

〈06・6・17〉チビチリガマの前で――読谷村役場の小橋川清弘さんに、ガマでの出来事、沖縄戦が残した「心の傷」についてお話ししていただきました。

〈11・1・13〉韓国人教師らを恨（ハン）之碑・チビチリガマに案内――韓国の全国教職員労組大邱（テグ）支部の教師ら 33 名を、読谷村の「恨之碑」やチビチリガマに案内しました。参加者の林典珠（イム・ジョンヌ）さんは、「軍隊は住民を守る存在ではないことを沖縄で感じた。沖縄には明るい未来のために歴史を残そうとする人がいることを知り連帯感を持った」と、旅を振り返っていました。

女性の政治参画、米兵の性暴力に抗議

〈06・７・24〉埼玉県嵐山町にある独立行政法人国立女性教育会館（ＮＷＥＣ）の見学と懇談の会に参加しました。

〈08・２・19〉「危険な“隣人”はいらない！」緊急女性集会――1995 年９月の少女暴行事件と同様の人権を踏みにじる事件が２月 10 日、北谷町で起きました。被害者は中学生で、容疑者は民間地域に住む 38 歳の米海兵隊員。強い憤りと悲しみを覚えます。

私も共同代表を務める「基地・軍隊を許さない行動する女たちの会」など女性団体が多数集まって、北谷町内で緊急集会を開き、日米両政府や米軍に対し、厳重な抗議の意思を表明しました。

〈08・2・21〉国会内でも抗議の院内集会——21日には私が呼びかけ人の1人となり、参議院議員会館で「米兵による少女暴行事件に抗議する院内集会」を開き、「米海兵隊員による少女への暴行に抗議し、米軍の綱紀粛正と再発防止を求めるアピール」を採択。集会後、直ちに米国大使館に出向き、アピール文を手渡し、被害者への精神的ケアを充分に行い、被害者および家族への謝罪および完全な補償を行うことなどを要請しました。

院内集会には、呼びかけ人である参議院議員の神本美恵子さん、岡崎トミ子さん、福島みずほさん、紙智子さんのほか、亀井亜紀子さん、下田敦子さん、山内徳信さん、川田龍平さん、相原久美子さん、犬塚直史さんら約80名が室内を埋めました。

〈09・4・11〉「第5回全国女性議員サミットinぐんま」（高崎市）の国会議員パネルディスカッションに参加し、「沖縄における女性の政治参画と人権」について報告しました。

〈2010 年５月 14 日付『沖縄タイムス』から〉糸数慶子参院議員ら県内外の女性議員６人が 13 日、米軍普天間飛行場の県内移設に反対するリレー演説を官邸前で行った。政府原案に辺野古移設が明記されたことに対し、６人はレッドカードの意味を込めて赤いスカーフを首に巻き、約２時間にわたって県内移設反対を訴えた。糸数氏は「５月末が延びても県民は県外移設を待つ。県民大会は政権へのノーではなく、総理をバックアップしたいという思い。その思いを米側に届けてほしい」と訴えた。演説には山内末子県議、伊敷郁子糸満市議、玉那覇淑子北谷町議、津波古菊江読谷村議、今井正子長野県議が参加した。

〈12・7・23、24〉沖縄で大藪順子さんの講演会「ＳＴＡＮＤ立ち上がる選択―性暴力被害者が生きやすい社会を目指して」を開催しました。

〈12・10・19〉神奈川県横須賀市で2002年に起きた米兵暴行事件の被害者、キャサリン・ジェーン・フィッシャーさん（オーストラリア出身）の記者会見（県庁記者クラブ）に同席しました。

キャサリンさんは、24時間体制の強姦緊急支援センター、被害者の権利を守る政府機関の設立、日米地位協定の改定、被害者のケアにまつわる様々な提案をしました。被害者の立場で語られる提案は非常に現実的で納得させられるものでした。

〈12・10・19〉米海軍兵による集団強姦致傷事件を受け「緊急座談会」（沖縄タイムス社主催）が行われました。米兵による犯罪被害者キャサリン・ジェーン・フィッシャーさん、喜納昌春県議会議長、佐藤学沖縄国際大教授と私の４人。在日米軍の全軍人に対する夜間外出禁止措置の実効性を疑問視し、兵員数削減、日米地位協定の抜本的な改定のほか、性犯罪被害者の公的支援の仕組みづくりを急ぐよう求めました。

〈2012 年 10 月 25 日付『沖縄タイムス』から〉糸数慶子参院議員と県内の女性議員らが 10 月 24 日、首相官邸前でオスプレイの配備反対と２米兵暴行事件に抗議し、政府に基地負担の軽減などを訴えた。糸数氏は「県民が基地を誘致したわけではない。植民地政策としか言えず、日米合意をなし崩しにオスプレイが飛行している」と批判。玉元一恵宜野湾市議、翁長久美子名護市議、伊敷郁子糸満市議、棚原八重子沖縄市議、玉那覇淑子北谷町議もマイクを握った。

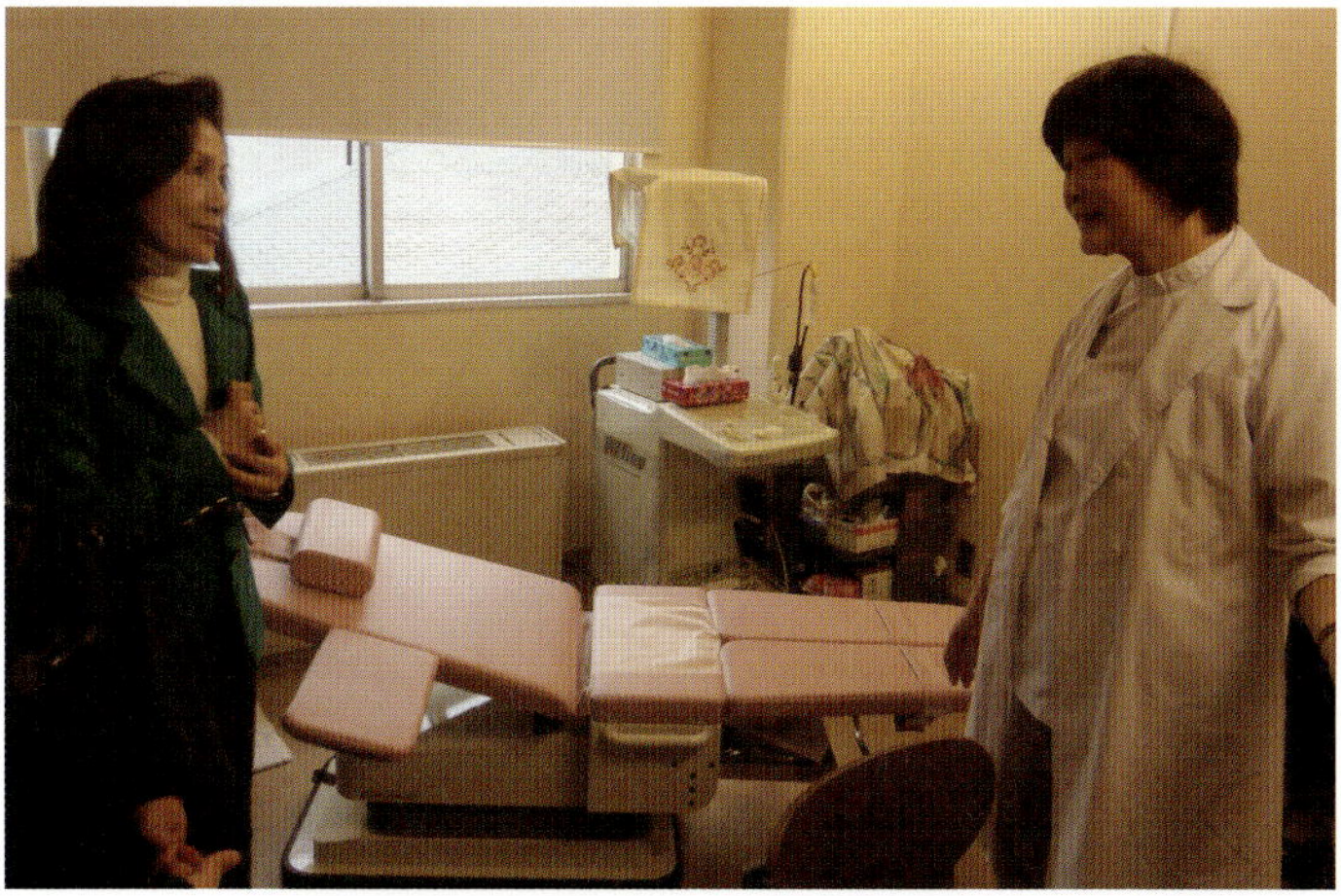

〈12・11・26〉大阪府松原市の阪南中央病院の中にある「性暴力救援センター・大阪（ＳＡＣＨＩＣＯ）」を視察しました。午後には、ウィメンズセンター大阪でレクチャーを受けました。

「慰安婦」問題に取り組む

〈04・12・3〉「戦時性的強制被害者問題解決促進法」の早期成立をめざす院内集会。

〈08・6・10〉「戦時性的強制被害者問題の解決の促進に関する法律案」を参議院に提出、今回で8回目になります（左から神本美恵子、紙智子、糸数、岡崎トミ子、川村参議院事務総長、田中康夫、福島みずほ、千葉景子、川田龍平の各議員）。

〈08・6・10〉「慰安婦」問題解決オール連帯ネットワーク主催の「私たちの公聴会」には、韓国から、ヨーロッパを歴訪し、ＥＵ議会、オランダ議会などでも証言した吉元玉（キル・ウォノク）さんと、中国で初めて名乗り出て、女性国際戦犯法廷にも来日された万愛花（ワン・アイファ）さんが出席されました。

お元気で当時を語ることのできる被害者は数少なくなり、歴史の直接の証言に接する機会は貴重になりました。おふたりの証言を伺いながら、沖縄で 17 年前に亡くなられたペ・ポンギさんを思い出し、一日も早く日本政府の「謝罪」と名誉回復のための措置を実現せねばならないと、改めて強く感じました。「私たちの公聴会」開催にご尽力くださったみなさんの働きに感謝し、敬意を表します。

〈10・5・13〉「被害者は待てない、償いの時を逃すな！」と題して開かれた『慰安婦』問題をめぐる韓国の状況をきく院内集会。主催は日本軍「慰安婦」問題解決全国行動２０１０、共催が戦時性暴力問題連絡協議会。

〈11・12・14〉衆議院会館内で「院内集会」が開かれ、韓国ソウルで行われた千回目の水曜デモの様子が報告されました。宋神道（ソン・シンド）さんのお話や参加各国会議員から連帯のあいさつがありました。

〈11・12・14〉「韓国水曜デモ　1000回アクション・東京行動」、外務省を「人間の鎖」で包囲する行動に参加しました。外務省の正門近くに、元「慰安婦」の宋神道さんと立ち、慰安婦問題の解決を訴えました。1400人の参加者で外務省は完全に包囲されました。

〈11・12・15〉日本大使館近くに建つ「慰安婦の少女期をモチーフとする像（平和碑）」の傍らで。

子ども・子育て支援

各地の取り組みを視察・施策要請活動

〈09・1・26〉伊佐市の発達支援システム――「地域に根ざした乳幼児発達支援システム」の先進地視察が、鹿児島県伊佐市の中馬節郎・福祉事務所所長の協力で実現しました。

先進地の取り組みを自分たちの目で見、親たちの運動や関係者の努力を伺う中で、沖縄県の現状と課題が見えてきました。視察には、玉那覇淑子（北谷町議）、伊敷郁子（糸満市議）、福峯静香（ファミリーサポートセンター）の４人で参加。写真は市民集会場を改造してつくった子ども発達支援センター（市町村合併前の大口市）の前で。

〈12・10・22〉東京杉並区の子ども子育て支援施策を視察。区内の子育て応援券で運営される施設で（「親子で楽しむJOY JOYリズムコーラス」「ひととき保育」）。

〈10・4・26〉３月に開催された「第55回子どもを守る文化会議沖縄集会」で、子どもの貧困部会代表世話人を務めた山内優子さん、臨床心理士の崎原林子さんと一緒に内閣府に福島瑞穂少子化担当相を訪ね、沖縄は貧困からさまざまな問題が起こっていると指摘し、国が「沖縄子ども振興計画」を策定して、支援するよう要請しました。

〈10・10・25〉沖縄子ども貧困解消ネットワーク、沖縄子どもを守る女性ネットワークのメンバー６人で、岡崎トミ子少子化担当相を訪ね、国の責任による「沖縄子ども振興計画」(仮称) の策定を要請しました。

〈10・10・25〉新宿区内にあるエイビイシイ保育園（東京で唯一の24時間体制の認可保育園）を視察し、片野清美園長から、無認可18年・認可11年の沿革と24時間通所施設への取り組み、行政とのやりとりをお聞きしました。

〈11・2・7〉子どもの村福岡を視察――虐待や育児放棄などで親と離れた子どもが暮らす「子どもの村福岡」は10年４月にオープン、育親と呼ばれる里親３人と子ども３人が暮らしています。子どもの村は、オーストリアに本部を置く国際ＮＧＯ「ＳＯＳキンダードルフ」により、現在世界132カ国に開設され、日本では同団体の理念を受け継ぐ「子どもの村福岡」（古賀信敞村長）が最初に開村されました。

〈11・10・17〉北谷町のニライセンター・カナイホールで、「子育て中の親が安心して働くために～昼も夜も質の高い保育をめざして」と題した講演会を開催しました（主催「沖縄子どもを守る女性ネットワーク」）。

〈12・８・16〉名護市のあすなろ保育園・あすなろ東保育園・あすなろ東第２保育園（夜間）を視察しました。子どもたちの自立を促した運営を行っており、保育園を卒園するころには、幼稚園・小学校での教育についていけるような取り組みがなされていました。園児らが飼っている山羊と遊んでいました。

フィンランドの教育に学ぶ

フィンランドはバルト海に面し森と湖に囲まれた自然豊かな国で、日本とほぼ同じ面積に520万人が住んでいます。OECD（経済協力開発機構）の学習到達度調査で優れた成績をおさめ、義務教育を成功させている国として世界の注目を集めています。国家予算のトップは福祉予算、その次が教育予算で、国家予算の約16％（対GDP比4％）を占めています。義務教育は9年間、すべての子どもが均等な教育を受ける権利が法律で保障され、教科書や給食も含め全児童・生徒に無償で提供されています。

その学力「世界一」の礎を築いたのは、1994年、29歳の若さで教育担当大臣に就任したオッリペッカ・ヘイノネン氏でした。当時、失業者が20％を超え、深刻な経済危機に直面していたフィンランドは、国の未来を切り開くには、教育に投資して新たな産業を興すしかないと、大胆な教育改革を進めました。教育に大切なのは「機会の平等」であり、ひとりの落ちこぼれも出さず国民全体の教育レベルを上げることをモットーにしました。フィンランドは学校教育を国家戦略の中で明確に位置づけ、その成果が現れている国です。

そんなフィンランドの教育を学び、沖縄の教育や保育に活かしたいと、糸数慶子は2006年からフィンランド訪問を重ねています。2008年には「沖縄フィンランド協会」を設立し、フィンランドとの交流にも力を注いでいます。

〈06・2・20～25〉雇用開発推進機構（当時）の内海＝宮城恵美子さんと1回目のフィンランド訪問。写真はカッリオマキ教育担当大臣と。

〈08・2・6～10〉フリーアナウンサーの森田弘美さんと２回目のフィンランド教育視察。那覇西高校に留学していたタラ・ミカ・サミュエル君宅にて（左から糸数、サミュエル君、森田さん、ユーハンさん〔サミュエル君父〕、通訳グスタフソン美砂子さん）。

〈2008 年 7 月 23 日付『琉球新報』より〉沖縄フィンランド協会の設立総会が 22 日、那覇市立久茂地小学校図書館で開かれ、ヨルマ・ユリーン駐日フィンランド大使のほか教育関係者ら約 80 人が出席した。同会は教育を手始めに経済や健康などさまざまな分野で交流を目指しており、会長に宮里昭也氏（元琉球新報社会長）が就任した。

ユリーン大使は「フィンランドの教育システムや社会保障などに日本でも関心が寄せられている。協会が成功し、両国の理解と友好が深まることを願う」とあいさつした。またフィンランドの教育システムについて自ら出席者に説明した。副会長に仲田美加子（元那覇市教育長）、名城政一郎（尚学学園副理事長）の両氏、事務局長に糸数慶子氏（参議院議員）が就任した。

〈09・2・5〉第一回沖縄フィンランド協会教育視察団。タンペレ市で保育園・民家を訪問、イタトゥーリ保育園で雪の中で遊ぶ子どもたちと一緒に。

〈12・2・17〉沖縄尚学高校でヤリ・グスタフソン駐日フィンランド大使と沖縄フィンランド協会・沖縄尚学高校生との交流会が開催されました。

沖縄観光にカジノはいらない

「観光立県」を掲げる沖縄で「カジノを観光の切り札に」と考える人々は後を絶ちません。仲井眞弘多知事は、「観光客一千万人誘致」の推進力としてカジノ導入を意図し、そのための検討委員会を立ち上げる一方、「沖縄振興特別措置法」を何とか利用できないかなど、動きを本格化させています。

カジノは現在、刑法で禁止された賭博罪に当たる犯罪です。そのような違法行為をわざわざ法改正で特例化し、沖縄の歴史や文化及び自然から隔絶された施設となる「賭博場」が観光振興策なのか、理解に苦しみます。

糸数慶子が共同代表を務める「カジノ問題を考える女たちの会」は、沖縄観光の発展は、沖縄の豊かな自然環境と安全で安心・健全な社会環境の中にこそあり、観光振興の方向は県民と観光客のオープンな交流の中に求められるべきとの観点からカジノ導入には一貫して反対してきました。これまで、ラスベガス・モナコ・オーストラリア・韓国・マカオ等のカジノの実態について調査し報告してきましたが、いずれも教育問題、居住環境や治安の悪化、ギャンブル依存症、性感染症の増加、生活費の高騰など不安を抱えているのが現状です。

〈06・7・15〉沖縄の自立経済とカジノ問題──カジノシンポ 2006 に出席しました。パネリストは私と沖縄ゲーミングエンターテイメントワールド調査会の国場幸一郎会長、かいクリニックの稲田隆司院長、沖縄教育出版の川畑保夫社長、朝日新聞経済部の村山祐介記者で、カジノ導入の是非を討議しました。コーディネーターは沖縄タイムス社編集局の上原徹次長でした。

〈07・９・21～24〉マカオ・カジノ視察。30年間カジノで働いた元ディーラーの女性からお話を聞きました。

〈2007年10月３日付『沖縄タイムス』より〉糸数慶子参院議員ら「カジノ問題を考える女たちの会」は２日、県庁で会見し、先月21―24日に実施したマカオのカジノ視察を報告した。糸数氏は「県のカジノエンターテイメント検討委員会は、ギャンブル依存症や多重債務の実態まで掘り下げて調査、公表してほしい。賛否両方の情報を提供してどちらを選ぶか、県民の視点を大切にしたい」とした。

視察したのは糸数氏、環境ジャーナリストの寺田麗子氏、海洋学者のキャサリン・ミュージック氏、女性と子どもの人権i-Dear舎代表の玉元一恵氏。現地の観光ガイドや元ディーラー、市場で働く人々などを中心に聞き取り調査した。

糸数氏は、期待される雇用効果について「大学に行かず、高給のディーラーを目指す若者が増え、勉強に対する意欲がなくなっており、マカオの将来を心配する人々の声もあった」と報告した。

〈10･10･８〉ジャーナリストの寺田麗子さんと韓国の江原道旌善郡(カンウォンド･ソンチョンクン）へカジノ問題の視察に行ってきました。ソウルから東へ車で約２時間半、韓国内で唯一、韓国人の出入りが可能なカジノ・江原ランドです。

炭鉱が閉鎖され地域活性化のためカジノ誘致を働きかけたが､カジノ誘致は失敗であり、新たな活性化策を模索する住民運動の財団法人「３・３記念事業会」の方々から「現状と課題」をうかがいました。同カジノに隣接する「韓国賭博中毒センター」のスタッフからは、多発する自殺者、賭博中毒が地域に深刻な問題を引き起こしていると聞きました。

〈09・11・５〉「カジノの町はいま〜沖縄とカジノを検証する」シンポを、那覇市のパレット市民劇場で開催しました。マカオと韓国江原道のカジノの現地調査から、治安悪化や人口減少、性産業など深刻な影響があることを報告。沖縄の観光振興では、自然環境の再生や農畜産業振興に主眼を置いた「持続可能な観光」への転換を提起しました。

〈11・12・10〉沖縄国際大学産業総合研究所主催、「沖縄にカジノは必要か」のフォーラムで基調講演を行いました。カジノによって地域住民のギャンブル依存症が続出した韓国・江原ランドの失敗事例を引用し、カジノ導入に反対の立場を表明。「厳しい経済状況だが、カジノを導入しても産業振興には結びつかない。沖縄が選ぶべき観光のアイテムではない」と強調しました。

〈12・4・7〉「沖縄にカジノは必要か（カジノシンポ 2012）」を開催。「カジノ解禁が日本を滅ぼす」と題して若宮健さん（ノンフィクションライター）が基調講演。精神科医の稲田隆司さんがギャンブル依存症、友知政樹さん（沖国大准教授）はカジノと観光の問題点を報告、私もカジノ合法化をめぐる国会の動きをレポートしました。

与那国島を訪ねて

〈07・6・3〉保育園で与那国の子どもたちと。

〈07・10・12〉島の東端・東崎(あがりざき)展望台で。

晴れた日には台湾が見える「国境の島」与那国。自然が豊かで美しいこの島に、防衛省は中国を仮想敵とした「南西諸島守備大綱」をもとに自衛隊配備計画をすすめています。

与那国は、かつて台湾との貿易が盛んでした。島の経済自立をめざした台湾との交流・貿易特区構想を地元からは出していますが、構想は政府に阻まれ続けています。

いま与那国では「与那国改革会議」と「イソバの会」のみなさんが、国境の島に軍事的緊張をもたらす自衛隊配備に反対し、活動を続けています。

「イソバ」とは15世紀ごろに与那国を支配していた女性の名で、宮古軍が島を攻めてきた時に敢然と闘い侵略者を追い払ったといわれます。「自衛隊誘致で与那国島の活性化はできません。島で生産し、販売活動を展開することで島の経済が活性化し、定住人員が望めるのです」というイソバの会のみなさんの訴えが重く胸に響きます。

〈11・11・19〉自衛隊誘致に反対する「イソバの会」のみなさんと。

〈11・11・20〉初めての自衛隊反対デモ――「自衛隊基地誘致にＮＯ！　与那国島を守る大集会」の一環として、与那国町の自衛隊誘致に反対する町民 120 人と役場周辺をデモ行進し、「自衛隊配備は断固反対」と訴えました。反対を訴えるデモ行進は、与那国島初めてのことだといいます。

国会議員の日々　――沖縄で、――沖縄から

〈07・10・28〉読谷まつり闘牛大会で優勝した「読谷山若特牛」の背中で。故郷の伝統・文化の振興を願いました。

読谷まつり闘牛大会に出場する読谷山若特牛（ユンタンザワカクティ）の応援に行きました。実は私、若特牛の牛主なのです。安田村長はじめ30人の応援団がいます。会場の「むら咲むら」闘牛場は老若男女、多くの闘牛ファンがかけつけ、大変な熱気につつまれています。

場内には沖縄国際大学の宮城邦治先生が解説するアナウンス・ブースがあり、9組の闘牛のプロフィールを紹介したり、実況・解説をしています。

わが若特牛はデビュー以来5連勝しています。いままでタイミングがあわず、勝利の瞬間になかなか立ち合うことはできませんでしたが、今日こそはみんなと一緒に勝利の喜びを分かち合いたいとの思いでかけつけました。

その願いはとうとう叶えられ、読谷山若特牛の背中で優勝旗を掲げることができました。観光協会の小平会長の粋なはからいで、私の名前入りの赤いはっぴを着て、まさに気分はサイコーでした。

〈08・7・4～8〉クリニクラウン財団と子ども病院の視察のため、オランダを訪問しました。クリニクラウンは、闘病生活を送る子どもたちのクオリティ・オブ・ライフ（生活の質）の向上に大きな成果を上げていました。クリニクラウンの活動の実態を目の当たりにして、私は沖縄の子ども医療センターにもクリニクラウンを紹介したいと強く感じました。

〈08・3・9〉東京・麻布区民センターで「おきなわから見る憲法９条」と題して、みなと９条の会３周年記念集会が行われました。ラストは大工哲弘さんの演奏のもと、会場総出のカチャーシー。

〈09・9・10〉「東アジア米軍基地環境問題解決のための国際シンポジウム」が韓国ソウル市内で開かれ、「沖縄米軍基地問題と国会活動」について報告。シンポでは基地が引き起こす環境問題を中心に、日韓が連携して基地問題解決に取り組むことを確認しました。

〈11・12・15〉韓国・ソウル永登浦の国会議政館で、「米軍犯罪、米軍基地環境汚染および韓米 SOFA の改定方向」についての政策討論会（統合進歩党のキム・ソンドン国会議員室主管）が開かれました。私は「沖縄の米軍犯罪の問題点と日米地位協定の改定方向」について報告しました。（写真は討論会の参加者一同と）

〈09・11・14〉鳩山由紀夫首相と「うるの会」（沖縄選出の国会議員で構成）で普天間問題について協議を行いました。関係閣僚と「うるの会」の「検証会議」設置申し入れに対し、首相は意見交換の場を作ることを約束、沖縄訪問についても前向きな意向を示しました（首相官邸）。左より、端慶覧長敏衆議、糸数、山内徳信参議、照屋寛徳衆議、鳩山首相、喜納昌吉参議、下地幹郎衆議、玉城デニー衆議。

〈10・1・16〉ＢＳ朝日ニュースターの番組「闘え　山里ジャーナル――戦後最大の危機　日米関係の行方は」に出演しました。鳩山政権が普天間移設問題の結論を５月に出すとしている中で、私は「沖縄県民の８割以上が辺野古新基地建設に反対している。海兵隊の駐留が本当に必要なのかという議論もある」と主張し、新政権に沖縄県民は期待していることを訴えました。

〈10・８・６〉沖縄社会大衆党第 74 回定期大会（八汐荘）で、第 11 代委員長に選出されました。沖縄県内の政党で女性が党代表に就任するのは初めてといいます。

〈10・10・23〉「沖縄の明日を拓く」と題して、沖縄大学で姜尚中（カン・サンジュン）さんの講演会が開かれました。姜さんの講演は、「沖縄と朝鮮の共通点は地上戦が行われたことにある」から始まり、「今も続く東北アジアの冷戦」「沖縄の運命は沖縄が決める」「俯瞰して見えてくるアジアの中の沖縄」「ドイツに学ぶこと」「多国間協議というセーフティネット」と続き、「沖縄の基地問題は本土の問題であり、このような差別状況がいまもあるのは不自然である」と結ばれました。

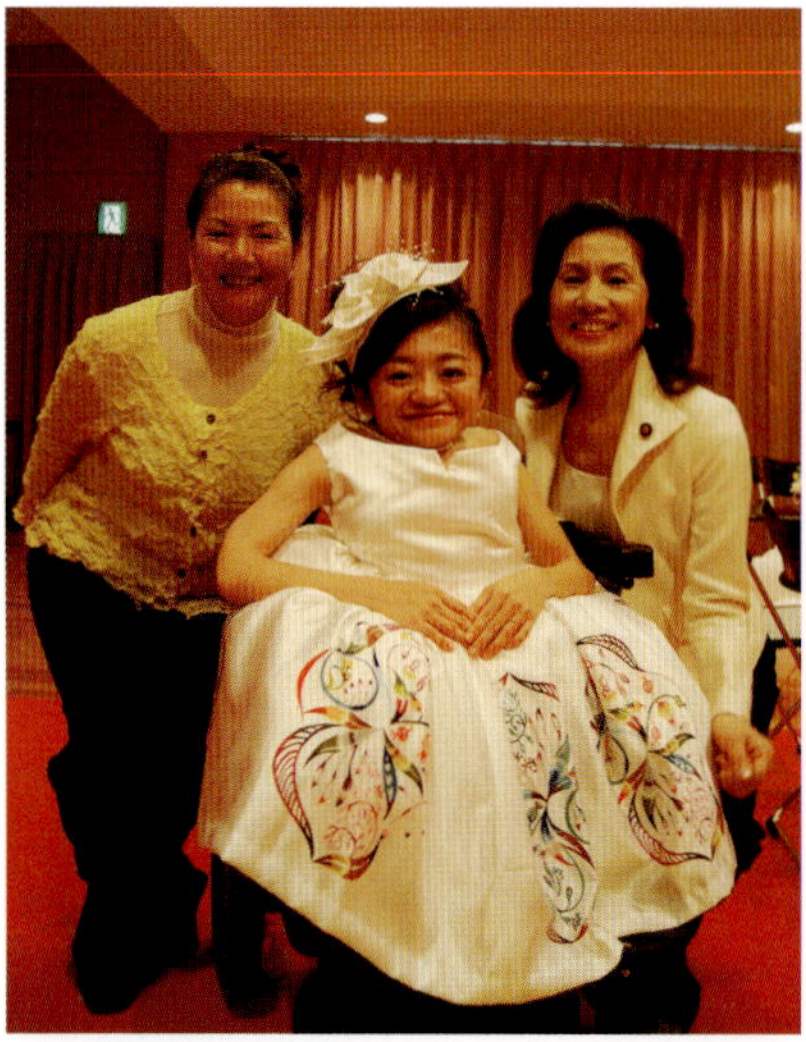

〈10・３・７〉沖縄ファッションアート学院主催の「Everyone Happy Wedding」と題したファッションショー（北中城村あやかりの里）に参加しました。車いすの花嫁が一番美しく見えるウェディングドレスを作ってほしい――障がいのある人や一般の人がモデルとして出演し、模擬挙式を交えて作品が披露されました。写真は伊是名夏子さん（中央）と。

〈10・３・13〉母校の読谷高校（82名）と普天間高校（200名）のみなさんが国会見学に。「将来は私も国会議員になりたいでーす」という元気で頼もしい後輩でした。写真は、国会議事堂をバックに読谷高校２クラス合同で記念撮影。

〈10・11・1〉「週刊金曜日」の企画で佐高信さん・佐藤優さんと沖縄の政治・経済の現状認識と、沖縄自立への道を語り合いました。「特集　沖縄と差別」（佐藤優責任編集 823 号）で座談会『「沖縄人宣言」のすすめ』が収録されました。

〈12・4・28〉番組 25 周年と沖縄復帰 40 周年の「朝まで生テレビ」特別企画に出演、元沖縄県知事の大田昌秀さんや沖縄国際大学教授の前泊博盛さんらも出演しました。主要テーマは、日本の安全保障と沖縄問題でした。沖縄の過重な基地負担による日米安保のあり方が議論されましたが、沖縄問題は日本国民全体の問題とすべきことや、憲法改正に反対し憲法９条を守ること、危険な普天間飛行場へのオスプレイ配備阻止などを主張しました。

〈11・４・12〉東日本大震災被災地視察――岩手県花巻空港から、宮城県に行き、町全体が津波で全壊した名取市の閖上(ゆりあげ)地区を訪ね、漁協跡、海浜地区一帯を視察しました。メロン、イチゴなどを栽培していたビニールハウスも跡形もない状況です。

翌13日は、船が陸に打ち上げられた塩釜港、町全体が15メートルの津波に襲われ全て押し流された雄勝（おがち）町は、小学校、中学校の残がいが無惨に残り、いまだ行方不明者の数さえ掌握できない状況です。東日本大震災は10年単位の長期戦でできることはすべてやらなければならないと感じました。宮城全労協の亀谷保夫さんに被災地を案内していただきました。

〈11・７・11～13〉沖縄子どもを守る女性ネットワーク６名で、東日本大震災で被災した宮城県石巻市の小中学校や仙台市の男女共同参画推進センターなどを視察しました。被災地の子ども、女性の現状を把握すると同時に、子どもの心のケアに役立ててほしいと絵本『気持ちのキセキ』50冊を寄贈しました（写真は石巻市立橋浦小学校で）。

〈11・10・12〉世界のウチナーンチュ大会。来賓として駆けつけたニール・アバクロンビー・ハワイ州知事と。

〈11・10・13〉沖縄セルラースタジアム那覇で行われた「第５回世界ウチナーンチュ大会」の開会式に参加しました。

〈10・８・14〉沖縄大学で行われた「離島カタリ場結成式」に参加しました。「離島カタリ場」は、離島の中高校生とのカタリ場を通して社会を変えていくキッカケづくりを行うため、カタリ場キャスト（大学生）が中高校教員と連携を取りながら、中高校の授業枠にキャストと中高校生が「語る場」を提供する団体。

〈11・10・30〉那覇市久米の居酒屋「絆道」で、若者たちとの討論会が行われました。主催した店主の浦崎芳郎さんと、舞踊家の赤嶺正一さんは、多くの問題・課題を抱える沖縄に住む若い世代がもっと沖縄について議論するべき、考えていくべきだとこの場を企画しました。様々な職種の 20 〜 30 代の方々が参加し、米軍基地の問題や日米安保について熱く討論しました。

〈11・5・21〉名護市民会館でハンセン病市民学会第７回総会・交流集会が開催されました。ハンセン病患者との出会いは、学生時代に姉と一緒に名護市の愛楽園に行き、そこに住む方々と交流したことがきっかけとなったこと、これからもハンセン病に対して正しい理解と偏見・差別の解消に取り組んでいくことを挨拶しました。

〈11・8・7〉那覇市内で行われた「フィリピン残留日本人２世と語る会」に出席、ネグロス島にまだ妹さんがいらっしゃる大城さん一家とお話ししました。

〈12・1・13〉読谷村民新春の集い「かたやびらユンタンザ」が読谷村総合福祉センターで開かれました（左から仲宗根悟県議、新垣修幸村議会議長、糸数、山内徳信参院議員、當山眞市県議、石嶺傳實村長）。

〈13・3・16〉高江ヘリパッド（オスプレイパッド）建設現場で起こった土砂崩落の現場を、県選出国会議員「うりずんの会」５名で視察、立ち入り調査を行いました。沖縄防衛局は「崩落は小規模」「工事とは関係ない」「大雨のせい」と言い逃れしてきましたが、ごまかしが明らかになってきています。立ち入り調査後は住民の会や支援のみなさんに報告を行い、国会で追及していくことを誓いました。

国政の平和ガイドとして
――国会質問/質問主意書から

2004年7月に参議院議員に初当選した私は、「会派に属さない」(無所属)議員として活動することになりました。他党の国会議員が沖縄を訪問されたときに、戦跡案内をお手伝いするという直接的な「平和ガイド」も数多くさせていただきました。加えて、国会での委員会質問と質問主意書で、常に「沖縄問題」を追及するという姿勢で臨んで来ました。

■国会質問

〈その1〉

一期目(04年7月~、07年11月に沖縄県知事選出馬のために辞職)は、財政金融委員会に所属し、のべ45回935分間の質問を行いました。その中から小泉純一郎首相に対する普天間移設・辺野古新基地建設問題についての質問を紹介します。

【2005年3月28日　参議院財政金融委員会】

❖糸数慶子君

無所属の糸数慶子です。私は、これまで所得税法改正、公債特例法、二法案については質問してまいりましたが、今日までこの問題点はもう尽きております。すでにあらかた議論されましたので、今回は総理もご出席でございますので、お許しをいただいて沖縄問題を質問させていただきます。

まず、小泉総理はこのジュゴンの住む沖縄の名護市の、この辺野古の海をごらんになったこと、おありでしょうか。

❖内閣総理大臣（小泉純一郎君）
辺野古の海は見たことございません。じかに見たことはございません。

❖糸数慶子君
ぜひごらんいただきたいと思います。
小泉総理は3月17日の予算委員会で米軍普天間飛行場の返還問題について、米国の話を聞くと同時に日本の考え方を打ち出すべきだと外務省、防衛庁に強く指示したと答弁されていらっしゃいます。総理はまた、SACOの着実な進展は大切だが困難な問題もある、その一つが普天間で、日本側の考え方を率直に示し、よく協議すべきだと述べていらっしゃいます。
普天間の困難性の最大の問題は、辺野古での基地建設の困難性のことを示すと理解してよろしいでしょうか。

❖内閣総理大臣（小泉純一郎君）

私は、この在日米軍の負担軽減と日本の安全を確保している抑止力、両方をよく考えてこの米軍との交渉に当たらなきゃいけないと。そこで、沖縄に過重な米軍基地の負担をこのまま認めることはできない、何とかこの沖縄基地の負担を軽減していかなきゃならないという点については、日本としてやはりどういう選択肢があるかというものも常に日本政府内で考えていかなきゃならないと。と同時に、これは基地を負担していただく地元の意向もあると。

現在の状況を考えますと、ひとたび表へ出ますと、沖縄の基地を負担軽減するのは、大体日本国民賛成なんです、総論としては。

しかし、だけど自分の市町村には来てくれるなというところが多いわけです。自分の都道府県には来てくれるなと。それでありますと、いつまでたっても沖縄基地の負担は軽減はできない。だから、そういう点も含めて、沖縄の基地の負担の軽減を日本全体としてとらえるべきだと。

まず、日本の案、日本政府全体の案、こういうも

小泉総理はジュゴンの住む辺野古の海をごらんになったことが、おありでしょうか！

のを持って米国と交渉していかないと、現実的な基地の負担の軽減もなかなか難しいということから申し上げているんで、今回、辺野古の問題も、当時合意された状況から考えますと、いまだに建設が進んでおりません。地元の協議を進めようとなると、過去、選挙がありましたけれども、そういう点についても賛否両論分かれている。いざ工事を進めようとなると、また根強い反対論が起こるということから、この問題なかなか解決つかないなということから、率直に今の全体の状況をにらんで、政府部内はもとより、日本全国のそういう基地の遅れで可能性のあるところも含めてよく考える必要があるのではないかと。別に辺野古だけを意識した問題ではございません。

問題は、このまま放置していくと、辺野古も進まない、ほかの移転先も進まない、そういう状況は避けたいと。何らかの進展が見られるような対策を日本政府内、地元等と始めなきゃならないということでそのようなお話をしたわけでございます。

※糸数慶子君

今総理もいみじくもおっしゃられたわけですが、沖縄は戦後ずっと米軍の基地のその負担をしております。昨年8月の13日に普天間基地所属の米軍大型ヘリが隣接する沖縄国際大学の構内に墜落し、住民を恐怖に陥れました。9月12日には、ヘリ墜落に抗議して3万人の宜野湾市民、沖縄県民が決起集会を開き、普天間飛行場の即時返還を決議いたしました。今、沖縄県民の8割以上が普天間飛行場の返還を求めております。辺野古沖の海上建設に反対しております。

総理は極めて現実的な対応をされる方で、無理なものは無理と明確に発言していらっしゃるというふうに思っております。辺野古の基地建設は、どう考えても無理であり、普天間飛行場は早期に返還させ、そしてSACOを根本から見直していく、これが沖縄県民の意思に即した、より現実的な対応であります。小泉総理、どうお考えでしょうか。

◈内閣総理大臣（小泉純一郎君）

そのような声があると、今糸数議員がご指摘されたような声を十分認識しております。だからこそ難しい問題であると、この問題、今の解決策しかないんだという前提から、どういう選択肢があるかということも考えていいのではないかということを申し上げているのであって、これは今交渉中の問題でありますから、その交渉中の問題をああでもない、こうでもないということを表に出して本当に沖縄の基地の負担の軽減ができるのかという現実的な問題はございます。

そういう点につきましては、やっぱり表に出すべきでない交渉の過程においては問題もありますので、その点はご理解をいただきたいと思っております。

◈委員長（浅尾慶一郎君）

糸数君、時間が参っておりますので、簡潔に。

◈糸数慶子君

はい。普天間のその飛行場の代替施設をこの名護市の辺野古沖という、まあSACO合意の中にもございましたけれども、実際には米国に参りまして私が訴えたところ、多くのシンクタンクの方も政府要人も、やはりこの見直し案についての示唆もございました。2プラス2でもそのように言われておりますし、まず最後に総理にお願いしたいことは、是非ともあのジュゴンの住む沖縄のきれいな海、一度ごらんいただきまして、世界的にも本当に生息の数が限られております、そのジュゴンの生息も併せて地元の県民の思いも受け止めていただいて、この普天間基地の辺野古移設を是非とも県民の願いを受け入れて、断念していただくように強く要望いたしまして、質問を終わらせていただきます。

ありがとうございました。


〈その2〉

2007年7月の参議院選挙で再選され、二期目がスタートしました。今度は内閣委員会に所属し、何とか工夫をしながら「沖縄問題」の追及を続けています。

二期目（07年7月〜13年1月現在）は、のべ45回1022分間の質問を行っています。その中で、08年の政権交代後、鳩山内閣、菅内閣、野田内閣と変わりましたが、沖縄の基地問題では構造的差別が続きます。加えて、民主党政権のリベラル的政策は陰を潜め、民主・自民・公明の消費税引き上げ3党合意に隠れるように、「国際観光推進議連」（IR議連）で、カジノ法案が準備されていきます。

次は内閣委員会で、川端達夫総務大臣（沖縄担当大臣兼務）に行った「沖縄とカジノ」をめぐる質問です。

【2012年8月28日　参議院内閣委員会】

❖糸数慶子君
無所属の糸数慶子です。よろしくお願いいたします。

まずはじめに、構造改革特区法について、一点目にカジノによる地域活性化の可否についてお伺いをしたいと思います。

カジノを構造改革特区制度あるいは総合特区制度で実施しようとする動きが各地で見られましたが、いずれもそれぞれの制度になじまないということで実現されてきませんでした。一方、いわゆるカジノ議連が今、国会の中ではカジノ特区のための法案を立案しつつあるようでして、カジノの効果として観光振興あるいは東日本大震災の復興や地方自治体の財政再建を掲げております。ただ、カジノが地域社会、特に教育環境、治安に与える悪影響も懸念されておりまして、カジノ誘致の結果が地域振興ではなく地域の荒廃につながっては元も子もないというふうに思います。

地域活性化担当の川端大臣としては、地域活性化、地域振興にカジノを導入することをどのように考えていらっしゃるのか、特に沖縄へのカジノの導入をどのように考えていらっしゃるのか、お伺いいたします。

◈総務大臣・沖縄北方担当大臣（川端達夫君）

カジノ特区につきましては、様々な方面で地域活性化あるいは観光振興の部分で議論がなされておることは承知しておりますし、同時に、カジノを実際やるということに当たっては様々な問題があるのではないかという議論も当然ながらいっぱいあります。

カジノ特区につきましては、過去に構造改革特区制度における提案として地方公共団体及び民間企業等から申請が平成14年8月から22年3月の間で9回ありました。しかし、所管省庁であります法務省からは、刑法は刑罰法規の基本法であり、同法の賭博罪に該当し得るカジノに関し地域を限って例外措置を設けることはなじまないとの指摘、また警察庁からは、暴力団や外国人犯罪組織等の関与のほか、少年の健全育成への悪影響が懸念される等の理由により、特区制度におけるカジノの実施は認められていないというのが今までの経過でございます。

いずれにせよ、カジノ特区を実現するということの議論になりますと、今の法の問題と同時に、国民の十分な理解を得ることを前提として、ふさわしい立法の在り方、治安面の対策などの点について十分議論をして整理をしなければならないというふうに考えておりまして、沖縄の件についても同様の事柄について十分に議論をしていくべきものであろうというふうに思っております。

◈糸数慶子君

ありがとうございました。

ご承知のように、今の沖縄の状況でございますが、ただでさえ県民を取り巻く環境は良好とは言えません。後を絶たない米軍人軍属による犯罪、それから児童買春禁止法や青少年保護育成条例違反者の続発等、私たちの周りでは未成年を取り巻く、巻き込んだ事件が相次いで起こっています。これ以上の環境悪化は御免だというのが県民の常識だというふうに思います。しかし、この常識は残念ながらいまだに共通認識には至っていないわけで、復帰後も時折カジノ導入は沖縄観光の振興の名目で噴出してまいりました。

ただ、今の大臣のご答弁をうかがいまして、やはり地域の活性化、とりわけ沖縄の観光、そういうことに対しては、今のその発言をうかがいまして、これが地域振興に即つながることでもなく、それから観光振興にもつながらないということをうかがいまして、ほっとしております。この問題は国民を含めた徹底的な議論が必要だというふうに思いますので、今後とも慎重に取り組んでいただくようによろしくお願いしたいと思います。

この日の質問について〈2012年8月29日付『琉球新報』〉は次のように報道しています。

《川端達夫総務相兼沖縄相は28日の参院内閣委員会で、導入に関する議論が行われているカジノ特区について、「今の法制の問題と同時に、国民の十分な理解を得ることが前提だ。ふさわしい立法の在り方、治安面での対策に十分議論し、整理しなければならない」と導入に慎重な姿勢を示した。糸数慶子氏（無所属）への答弁。》

■質問主意書とは

政府を追及する手段として、委員会での質問に加えて「質問主意書」を活用しています。政府の公式見解（答弁書）を明らかにさせる意味で、少数会派の野党議員や無所属議員にとって大きな武器になっています。

質問主意書は、国会法第74条の規定に基づいて、国会議員が内閣に対して質問する際の文書のことです。議長に提出されて承認を受けた質問主意書は、内閣に送られ、内閣は7日以内に文書（答弁書）によって答弁することになっています。

委員会の質疑では、少数会派、無所属議員は質問時間が少ないこと、委員会の所轄外事項について詳細な答弁が期待できないことから、国政一般についての質問は、制約の少ない「質問主意書」を用います。

標準的には、「米軍基地問題」は外交防衛委員会、「沖縄問題」は沖縄・北方問題特別委員会が所管であり、無所属の私はどちらにも入ることができない制約があります。

一期目に17本、二期目では82本、計99本の質問主意書を提出しています。私の場合9割以上が、「沖縄問題」「米軍基地問題」に関連する内容です。

二期目2007年以降の国会質問の会議録と質問主意書・答弁書は、「糸数けいこオフィシャルサイト」(http://www.itokazukeiko.com/) に全文を掲載しています。

第180回国会で提出した「普天間飛行場の管理運用及び安全性に関する質問主意書」と「答弁書」に関して、建築家の真喜《まき》志好一《しよしかず》さんは次のように述べています。

《2012年4月17日に、糸数慶子参議院議員が日本政府に対して「クリアゾーン、事故危険区域が普天間飛行場において設定されているか？」との質問主意書を出したところ、4月27日に日本政府は、「政府としてお答えする立場にない」と無責任な回答をしている。この回答は、総理大臣らが出席している「閣議」で決定している。日本政府は国民の命、というより沖縄人の命は守らない差別政策と言うか、沖縄人は存在しないような政策をしている。……》（『オスプレイ配備の危険性』真喜志好一・リムピース＋非核市民宣言運動・ヨコスカ著、七つ森書館）

I

私の〝目覚め〟への道

「安保の見える丘」（すぐ向こうは嘉手納基地）で女性団体を案内（1998 年）。

❖収容所で再会した父と母

私は、戦後2年目の1947（昭和22）年10月11日に生まれました。戸籍上は「読谷《よみたん》村喜名《そんきな》生まれ」となっていますが、実際に生まれたのは石川市（現在のうるま市石川）です。父（阿嘉宗清《あかそうせい》）が防衛隊（注1）から帰ってきて、やんばる（注2）に疎開していた母（ヒデ子）たちと石川の収容所で再会し、親族もみんな石川に集合して、収容所を出てからも1年くらい住んでいたようです。宮森小学校の校区内のバラックだったと聞いています。そろそろ自分の故郷に帰ってもいいという許可が出るころ、私が生まれ、すぐ読谷村に引っ越したので、出生届は読谷村役場に出されています。

読谷村喜名は家族が戦前から住んでいた土地ですが、阿嘉家は、もともとは那覇の泊《とまり》出身です。「泊阿嘉《とうまいあかー》」（注3）という沖縄芝居がありますが、一族は今もそこにいます。そこから、祖父（阿嘉宗信《そうしん》）の時代に読谷へ移住して来ました。祖父は鰹船を持ち、本《もと》部《ぶ》に行って鰹漁をしていたのですが、西表《いりおもて》で遭難して亡くなりました。

父は大正4年生まれ、母（旧姓：佐久本。読谷村出身）も同年生まれです。私のきょうだいは姉が2人（昭和11年生まれ、同15年生まれ）、私、妹（昭和25年生まれ）、弟（昭和27年生まれ）、妹（昭和30年生まれ）の6人ですが、ほかに亡くなったきょうだいが2人います。私の上に長男兄（昭和17年生まれ）と、もう1人の姉（昭和20年生まれ）がいましたが、戦争中、兄は3歳で、姉は生まれて1週間くらいで亡くなりました。ですから、戦後、私が生まれたとき両親は本当に喜んで、「慶子＝慶《よろこ》ぶ子」という名前を付け

1防衛隊
　1944年6月、17歳～45歳までの男子が沖縄現地で召集され、陸軍二等兵となって各部隊に配属された。

2やんばる
　沖縄島北部の森林山岳地帯。現在はその広大な地域が米海兵隊の北部訓練場に接収されている。山原とも書く。

3泊阿嘉
　沖縄三大歌劇のひとつ。我如古弥栄作、明治43年初演の沖縄版「ロミオとジュリエット」。

たと聞いています。
　叔父は最初から軍隊（陸軍）に取られて、摩文仁《まぶに》（注4）で戦死しています。日本陸軍の風部隊に祀られていますが、私の従姉妹であるその娘は、「さとうきび畑」（注5）の歌と同じように父親を知りません。私の父は、防衛隊に取られた後、海南島《かいなんとう》（注6）などあちこちに行かされ、沖縄戦が始まると地元に帰されて、ここで飛行場造りなどをさせられたと言っていました。叔父たちは軍人ですから、飛行場を造った後、すぐ摩文仁に行かされたとのことです。

✣戦後の読谷と父の生業

　父は戦前、地元・喜名の大きなお店に働いていました。今で言えばスーパーみたいなものですが、この地域にはこのお店しかなく、日用雑貨全般、やんばるから行商人が持ってくる薪や石油、お米なども全部一手に引き受けていました。父は、住み込みの丁《でっ》稚《ち》奉公から始まり、自分で店を立ち上げたいという夢を持っていました。その店には男の子がいなかったので、跡取りではないけれども経営者に任せられて、いずれ自分が後継したいと思っていたようです。母は農家の出身で、父と同級生でした。
　戦後、読谷に戻った父は、「ウムクジソーミン（イモクズソーメン）」の工場を立ち上げました。食べるものがない時代、読谷村はもともとイモの栽培に適した土壌ですから、そのイモを使って、イモの澱粉《でんぷん》（イモクズ）からソーメンを作ったのです。今は紅イモが有名ですが、あのころのイモは百号イモとか比謝川《ひじゃがわ》1号という黄色い大きなイモ

4摩文仁
　現沖縄県島尻郡糸満市摩文仁。沖縄戦最後の激戦地。海際の丘には各都道府県別の慰霊碑が立ち並び、ふもとには「平和の礎（いしじ）」「県立平和祈念資料館」が建設されている。

5さとうきび畑
　作詞・作曲：寺島尚彦。1964年に寺島が沖縄を訪問した際、摩文仁の丘で着想した作品。沖縄戦の戦死者が眠る、夏のさとうきび畑に流れる風の音「ざわわ」が66回繰り返される。75年NHK「みんなの歌」で広く知られるようになった。

6海南島（ハイナンタオ）
　中国の南海にある島。1939年2月に日本軍が占領。41年12月8日未明、英軍陣地が設けられたマレー半島に奇襲上陸した日本軍の出撃地だった。

で、おいしくはなかったけれども、このイモで戦前戦後の沖縄は救われたのです。

喜名は、読谷村で楚辺《そべ》、波平《なみひら》に次いで大きな字《あざ》（現在約３５００人。戦後すぐは１２００人～１５００人）で、私が物心つくころにはお店も何軒かありました。父のやっていた工場は自宅（喜名２３３番地）にあり、住まいと工場が隣り合わせの長屋になっていました。地域の農家からイモを買ってきて、それを、手で切り干しみたいに切り、ある程度干して水分を飛ばしてから、大きな下ろし金ですり下ろし、溜まった水分を乾燥させると澱粉が取れます。その澱粉を大きな鍋で煮て、機械に通してソーメンを作っていました。

戦後間もないころは仕事がなかったので、私が知っているだけでも20人くらい雇っていました。あのころ20歳前後の近隣のお姉さんたちです。私はこの人たちにとても可愛がられました。当時5歳くらいだったのを覚えています。というのは、私が工場のボイラーに触れて火傷してしまって、病院に連れて行かれたからです。この傷が治らないんじゃないかと心配されましたが、きれいに治って、今は跡形もありません。

できあがったソーメンはザルに入れて、女性たちが近隣の読谷、嘉手納の各地域のお店に売りに行きました。今とは違って歩いて行くわけですから、人手が必要でした。戦後しばらくはまだ配給所もありましたから、切符を持っていってお米と引き替えたり、灯油も、切符と瓶や缶を持っていって引き替えたのを覚えています。

このソーメン工場を3年くらいやったあと、私が小学校に上がるころから、セメント瓦工場に移りました。ソーメンで儲かった分と自分の土地を売ってセメント瓦工場を立ち上げ、3年くらい続いたのですが、結果的に共同経営がうまくいかず、事業に失敗してしまいました。その後、父は近くの米軍基地のガードマンとして働きました。

読谷村は現在、旧米軍飛行場跡地に読谷村役場を造っていますが、そこは戦争中、日本陸軍が真っ先に北飛行場（読谷飛行場）を造った場所です。その後、中飛行場（現在の嘉手納《かでな》飛行場）を造って、それから那覇に移動して行ったのです。基地を造るためにたくさんの土地が取られました。私の母の実家も土地持ちだったらしいですが、取られてしまいました。山野もずいぶん取られ、黙認耕作地（注7）になっているところもあります。国道58号を隔てて喜名番所がありますが、喜名番所《ばんしょ》（注8）の向かい側は全部軍用地です。軍用地料がたくさん入るので、もともとの土地の人は金持ちが多く、保守的です。

母の実家の佐久本家は、もともとここに土地を持っていた大地主です。父の実家は寄留してきているから財産はありません。父は頭がよかったらしいのですが、祖父が鰹船に金を注ぎ込んで、最初のうちは羽振りがよかったようですが、結局は船もろとも沈没して亡くなり、没落してしまいました。そこから祖母や父たちの葛藤が始まったと思います。父は貧乏でしたがプライドがあるので、母の実家に「金をくれ」とは言えない。それで軍作業に出たのでしょう。

畑をする分の土地はありましたし、お店をしているころは、物はありますから、私は、そんなにひどく貧乏とか不自由という感じをもったことはありません。ただ、いちばん上の姉が高校に行きたかったし、学校の先生も「受験しなさい」と言って来ていたけれ

7黙認耕作地
米軍基地内で農作物の栽培を「黙認」された土地。米軍政時代に、出入りが比較的容易な場所で土地を奪われた住民が耕作を始めたのが起源。基地内にあって使用していない土地を米軍が使用する時期がくるまでは使用してよいとして、1959年高等弁務官布令20号「軍用地の一時使用許可」で正式に認可された。

8喜名番所
琉球王朝時代、首里から国頭へいたる公道の要所で、人や文化が往来する宿場として賑わった。現在は国道58号線沿いの「道の駅喜名番所」となり、王朝時代の役場の建物が復元されている。

ど、ちょうど父が事業に失敗したそのあおりを受けて学校に行けなかった、ということはありました。

祖父母は「おじぃ、おばぁ」ではなく「タンメー、ウンメー」と呼ばれていました。同じ読谷の喜名に住んでいても、言葉も季節ごとの行事も違うのです。行事は首里《しゅり》と同じ日にやります。ムーチー（注9）をやるにしても、喜名の人たちは喜名の人たちだけ、外から来ている人たちはその人たちだけと、二つに分かれていました。そういう中で祖母は101歳まで元気でしたが、とても身綺麗できちんとした人でした。

✣母が切り盛りした「阿嘉商店」

父が基地のガードマンをやっている仕事場は、歩いていける範囲でしたし、農業しながらできる仕事なので、朝早くと、仕事を終えてから、また休みの日も畑に行って働きました。父がセメント瓦工場をやっているころまでは、農業は祖母が中心でしたが、これ以降は家族みんなで、イモやサトウキビ、何でも作りました。カボチャ、大根、キャベツ……、読谷村の農産物品評会に出すものはすべて賞をもらうほどの篤農家で、家には賞状がいっぱい貼られていました。ですから、父の本業は農業だったと言っていいと思います。

作った農産物は、母が嘉手納市場に持っていって売っていました。母は嘉手納市場の中に自分の店を持って、たくさんの大根やキャベツを運んでいました。

当時はもう、バスが運行していたので、風呂敷包みをいくつも作ってバスに乗せ、バ

9ムーチー　旧暦12月8日、子どもの健康と成長を祈願して餅を作る行事。

ス停に下ろしたら、向こうから運びに来て、一緒に市場に運ぶ、というふうに、手間暇かけながら売っていました。母の市場の中のお店を今でも思い出します。お小遣いがないので、喜名から歩いて嘉手納市場まで行ったこともあります。

私が物心つくころには、沖縄バスが走っていました。バス会社に父の友人がいたので、長女姉は一時、バスの車掌さんをやったこともあります。あのころはバスの車掌さんは花形でした。その後、ガイドさんが登場しますが、最初はガイドさんはいなくて車掌さんでした。うちの周辺のおじさんたちから「お姉さんは憧れの的だったよ」という話を聞いたこともあります。

嘉手納市場でどんどん売れるので、母はそれで自信がつき、その後は、通うよりは自分でやったほうがいいということで、自宅を改造して雑貨店を始めました。生鮮食品から着る物まで、何でもありました。私が小学校4年生のころにはもうお店になっていて、そのころにはいちばん下の妹も生まれていました。出産に立ち会ったのを覚えています。近所にとても素敵な産婆さんがいて、自宅で妹を取り上げてくれたのです。

母のやっていた「阿嘉商店」は有名でした。阿嘉商店のある通りは、喜名のムラのど真ん中にあるので「喜名の銀座通り」と言われていました。売り出したら、お客が次々に来て、他にも大きいお店があったのですが、そこと競争するくらいになり、盆・正月はお中元・お歳暮の買い物客で大忙しでした。私が結婚したあとも、弟たちが結婚したあとも店を続け、復帰後の１９８０年ころまでやっていたと思います。最後は弟のお嫁さんが見ていましたが、おばあちゃんの面倒を見なくてはならずやめました。近所の人たちに、やめないでくれと言われてたいへんだったようです。

✣基地の中で遊んだ幼い日

父が働いていたのは知花《ちばな》弾薬庫です。嘉手納基地から石川と読谷村の境の山の上までずっと基地で、今もまだ開放されていません。半地下形式の弾薬庫が現在もあります。今、考えると、それを造る工事のための雇用だったのだろうと思います。エンジニアとかではなく、車の出入りをチェックする仕事でした。

父たちが入口でガードマンしている場所からトラックが盛んに出入りしていましたが、地域住民は、薪にする枯れ枝などを集めるために通行証＝パスを持って基地の中に入れるので、祖母と母はよく行っていました。当時はもう文化式の小さいカマドもありましたが、それは家の中で使い、豚の餌は戸外の土で作った大きなカマドで炊いていました。シンメーナービ（四枚鍋＝注10）という大きな鍋でグツグツ炊いて、それを豚小屋に運ぶのです。そういう煮炊き用の薪や、当時は五右衛門風呂だったので、お風呂用の薪も必要でした。

幼い私も祖母や母に付いて行きました。喜名の近くにゲートが2つありました（今も伊良皆にゲートがあります）が、地域の人はパス（身分証明書）をみんな持っているので、それを見せて入っていきます。ガードマンボックスの上の方に隊舎みたいなのがあって、そこから先は全部柵が張り巡らされていたのを覚えています。米兵も立っているし地元の人も立っていて、間に通訳も入っていました。父も、片言の英語が話せるので採用さ

10シンメーナービ
大人数の炊き出しの際に使用される伝統的な大型鍋。「シンメー」とは「四枚」（しまい）の意で、「四枚分の鉄で造った鍋」には約28リットルの水が入る。

れたと思います。

ゲートの中にはコンクリートの道が少しあって、そこから先は開墾したばかりの、砂埃が立つような舗装されていない道があり、トラックが行ったり来たりしていました。基地を造る工事だったと思います。働いているのは米兵も、沖縄の人もいました。その合間を縫って枯れ木を取る。雑木林の中の、立ち枯れている木や枝を落として、頭に担いで持って帰るのです。うちだけではなく、たくさんの近所のおばちゃんたちがそうやっていました。必ず一人ではなく複数で行く。子どもたちは親の服の裾を引っ張って行きました。

行くと、子どもに仕事はできないから、「このへんで遊んでいなさい」と言われます。同じようにそこで遊んでいる子どもたちがいるから、同年くらいの子どもたちと遊ぶのです。きれいな川が流れていて、小さなエビがいました。網を持ってそのせせらぎでエビを捕ったり、夏は暑いから、そのへんにあるクチャ（泥＝注11）を取って、髪洗い粉と言って髪を洗ったり。男の子も女の子も必ず複数で、そうやって思いきり遊んでいました。

びっくりしたのは、洗った髪を乾かしながら、ふと見ると、そこに米兵がいた時です。顔をこわばらせながら、口では「ハロー、ハロー」と言ったのを覚えています。そう言えば許されると思っていました。

ほんとうにきれいな川でした。たぶん比謝《ひじゃ》川の上流にある長田《ながた》川という支流だったと思います。今もポンプ場があって取水しています。親に付いて行ったのは小学校2、3

11クチャ
沖縄島中南部の一部に分布する、海成堆積物が隆起した泥岩。粒子が細かくミネラルが豊富で、琉球王朝時代から洗髪や美容に利用されてきた。

年のころまでですが、私の通っていた読谷高校が弾薬庫の近くに茶畑を持っていて、中学・高校のころ、夏になるといつも下草刈りをさせるためにお茶畑に行かされるので、小さいころ、親と一緒に来ていたのはこの近くだったなぁと、なつかしく、基地を造る槌音を思い出していました。

✣家畜の思い出

家畜は家の外で飼っていました。集落から軍用1号線（今の国道58号線）を隔てて、現在は黙認耕作地になっていますが、今の喜名番所よりもう少し先に、畑と併設された、この地域の人たちの豚小屋、山羊小屋、牛小屋が何軒もありました。家から歩いて5分くらい、1号線を越えて餌をあげにいきます。自分で言うのもおかしいのですが、私はとても勤勉でした。「ハガナーグヮー（お転婆）」でペチャクチャおしゃべりしていても、時間になるときちんと戻って、豚の餌をかき混ぜ、かき混ぜしながら持っていくし、山羊の餌もあげる。祖母がやっているから私も手伝うという感じで、おばあちゃん孝行でした。牛までは飼っていなかったけれど、豚と山羊は長く飼っていました。豚は、正月に食べるために正月豚（ショーガチウヮー）と言っていました。

わが家は昔から人の集まるところでした。運動会の時期になると、うちの姉弟はみんな足が速いから、栄養をつけようと、山羊を潰して食べさせるのです。そうすると隣近所の人たちがわっさわっさ集まってきて、道路を隔てて川が流れているところに山羊を持っていって潰し、そこで焼く。その手伝いをさせられていました。それから家に持ってきて炊くのですが、小さいときに食べさせられすぎて、今は匂いを嗅ぐだけでたくさんですね。

ニワトリや、キャンベルというアヒルも飼っていました。このアヒルは卵をたくさん産むので、それをお菓子屋さんに持っていって売るのです。うちの父は何でもやっていました。それが自分の店でそのまま売れるから、一生懸命でした。

✣「ギブ・ミー・チョコレート」と隆子ちゃん事件

父が米軍基地で働いているころ、今考えると、具志川《ぐしかわ》の昆布《こんぶ》にあるキャンプ・マクトリアス（注12）だったと思うのですが、地域の子どもたちがみんな呼ばれて、小学生たちがそこにダンスしに行ったことがあります。米軍のバスが迎えに来て、小学校の学芸会でやったものを、ここでやったと思います。私は独唱もさせられたし、ダンスもやりました。そうすると、サンタさんみたいな人がいて、「サンキュー」と言って大きな袋をくれるのです。体くらいある大きな茶色の紙袋で、お菓子から、リサイクル物ですが洋服も入っていました。軍作業に行っている人たちの子どもを、みんな連れておいでと言われて行ったのでしょう。これも宣撫《せんぶ》工作の一つだったと思いますが、3年くらい続きました。

クリスマス・キャンディーといって、スティック状の赤、緑、金など色の付いた網編みの袋の中にいっぱいキャンディーを詰めてあるもの、ちっちゃい薄荷（ハッカ）のキャンディーや細長いのや、ミントの香りがするもの、ハーブの香りのするゼリーなど

---

12 キャンプ・マクトリアス　現うるま市安慶名区にある。かつては海兵隊の基地司令部や兵舎、武器庫などがあったが、現在は隣接するキャンプ・コートニーの家族住宅地区となっている。

がありましたが、子どもたちのいちばんの期待は服でした。米軍の子どもたちの着なくなったものだったと思いますが、私がいちばん自慢して着て歩いていたのが、グリーンのワンピース水着です。紐が付いて胸当てがあり、下はフリルになっていて、明らかに水着なんですが、夏になるとこれを風呂上がりに着て、隣近所に見せびらかして歩きました（笑）。そうすると、ソーメン箱を出して、「さあ、この上に乗って美空ひばりを唄いなさい」と言われる。私は喜んで「丘のホテルの……」とか唄っていました。「また慶子がやるよ」と、隣近所の人を集めて、しょっちゅうこんなことをしていました。おませでしたね。部落でのど自慢大会があって、小学生の時は美空ひばり、中学生になったら吉永小百合を唄って、よく賞をもらいました。

喜名小学校から読谷中学校、読谷高校と進みましたが、小・中学校と、そんな「ギブ・ミー・チョコレート」の時代を過ごしました。私の同級生は基地の中で新聞配達していたので、クリスマスにはいつもたくさんのプレゼントをもらっていたと自慢していました。

意識する、しないに関わらず、隣近所には米軍がいるわけですが、怖いなと感じたのは、今の国道58号、当時の1号線のコース沿いに学校がありますから、授業中でもちょっとよそ見したら、鉄兜をかぶった米兵たちが列をなしてザックザックと音を立てて来るのです。

基地で働いている親がいて、もらえるから行くけれど、おそるおそるです。決して親米ではないし、イヤではあるけど恩恵は受けている。レイプ事件などは、親はひそひそ

13由美子ちゃん事件
1955年9月3日、6歳の永山由美子ちゃんが、町のエイサー大会を見に行く路上で米兵に拉致され強姦のうえ殺害され、死体が嘉手納海岸で発見された。目撃証言によりハート陸軍軍曹が逮捕され軍事裁判で死刑判決となるが、結局は本国送還となりうやむやにされた。米軍の土地接収に抗する「島ぐるみ闘争」のさなかに起こった事件は大きな衝撃となり、激しい抗

話をしているが子どもには知らせない。聞き耳を立てたら黙ってしまう。そんな中で由美子ちゃん事件（注13）もありましたし、いちばん怖かったのは、楚辺の高校時代の同級生のお母さんがレイプされたことです。半鐘がガンガン鳴り、中学校のころ、飛行場跡を横切って登校するので、学校に行くときはみんな列を作って、一人では絶対に行くなと言われました。

また、人間だけでなく、物資を降下させるパラシュートがしょっちゅう落ちる。「今度はどこの小学校に落ちたってよ」というのを聞いているうちに、棚原隆子ちゃんの事件（注14）が起こってしまいました。高校3年生の時、近所の小学4年生の棚原隆子ちゃんが読谷補助飛行場のパラシュート降下訓練中、落下した米軍のトレーラーの下敷きになって亡くなったのです。ほんとうに衝撃的でした。実は、うちの店に棚原隆子ちゃんのお母さんもよく買い物に来ていたんです。だからよく知っていました。私は、村内で開かれた抗議集会やデモに制服で参加しました。

でも周囲の人は残酷です。補償をもらうと、「したたかカネもらっているさ」と、親の悲しみも知らないで陰口をたたく人もいました。そのために隆子ちゃんの親はここに住めなくなり、ブラジルに引っ越していかれました。その兄弟たちの顔を今も思い出します。そんな時代でした。

✣同級生救援運動に明け暮れた高校3年次

私は、沖縄県議会議員として政治の世界に入る前に約20年間、バスガイドとして働い

議運動が繰りひろげられ、各地で「子どもを守る大会」が開催された。米兵による凶悪犯罪を象徴する事件として記憶され、95年の米兵暴行事件の際にも人々の脳裏によみがえった。

14棚原隆子ちゃん事件　1965年6月11日、読谷村親志で起こった米軍トレーラー落下による少女圧死事件。読谷補助飛行場ではパラシュート降下演習が繰り返されていた。パラシュートをつけた米軍のトレーラーが、目標をはずれ民家の前に落ち、11歳の棚原隆子ちゃんが押しつぶされて死亡した。沖縄人権協会、沖縄子どもを守る会、教育関係団体など22団体の主催で抗議の県民大会が開催され（6月18日喜名小学校）、パラシュート降下演習への抗議活動が継続して取り組まれた。

ていましたが、実を言うと、初めからバスガイドになりたいと思っていたわけではありません。琉球大学を受験して落ちた後、バス会社に入ったのですが、受験に落ちたのは、高校時代に、退学させられた同級生たちをみんなで救おうという署名運動に情熱を注いだからでした。

高校3年になって間もない4、5月ころだったと思いますが、1年生を歓迎するための新入生歓迎バレーボール大会、バスケットボール大会に向けて応援歌の練習をやりました。その練習を2年生や1年生に指導するのが、3年生の私の同級生たちで、彼らはみんな、それぞれクラスの会長とか副会長だったのですが、その指導に従わない一塊りの2年生のグループがいました。みんなで何回も何回も注意しても聞かないし、あまりにも規律を乱すので、誰が乱しているのかと追及したら、首謀者がいたのです。その生徒が抵抗したので、みんなでガンとやってしまった。この生徒はみんなの前でぶっ倒れて鼻血を出し、ワーワー泣きながら近くの病院に行ったところ、手術することになった。校長がこれを聞いて、やった生徒は「即退学」と言ったのです。

私は、暴力をふるったのならしょうがないと思っていたのですが、よくよく聞いてみると、クラスの子たちはみんな「よかったさ」と言っている。「なんで?」と聞いたら、彼は普段から番長みたいないじめっ子で、もともと蓄膿症《ちくのうしょう》を持っていて、いずれ手術しなければならなかったのを、殴られたからちょうどいいということで手術する、と。これを聞いて、許せないと思いました。

すぐ校長室に駆け込んで「こんな理由らしいですよ」と言ったのですが、「いや、どんな理由でも暴力をふるったんだからダメだ」と言うから、「5人全員退学ですか？」と聞いたら「そうだ」と。「調査をして、本人たちの意思も確認してください。はじめから意図的だったのか、言うことを聞かないからこうなったのか。また反省しているのか、していないのか、聞かないんですか」と言ったら、この校長は、那覇から来た、とても頑固な先生だったのですが、「聞かない」と。

今度は生徒会の顧問の先生のところに行って、「殴られた彼はこんな人で、鼻血は出したけど、もともと手術しなくてはいけない蓄膿症を持っていたんですよ」と言ったら、先生方は「そうか。じゃあ情状酌量の余地はあるね」と、校長の説得に当たると言ったのですが、この先生方が全然動かない。自分たちの身が可愛いから誰も助けようとしないのです。

そこで、「生徒会役員は全部集まれ」と私が集めて、「こんな事情らしいけど、退学させていいの？　休学ということにして反省させて、来年、高校だけは卒業させるというふうにやっていかないか」と言ったら、みんなこれに賛同して、署名運動をしようということになりました。私がその首謀者だったのです。

私も、一緒にやった私の友人も、彼らが悪さをする人たちじゃないと普段からわかっていましたから、「自分たちだけ進学すればいいのか。彼らもちゃんと復学させるという手当てをして、それから勉強しても遅くないさ」ということで、一生懸命これに奔走しました。

もう授業どころではない。学校側が言うことを聞いてくれないなら、集まって校庭に座り込もう。先生方が彼らの話を聞かないというなら、ストを起そう、2校時からさぼろう。前日にそう約束したのに、みんな集まらないのです。大学に行きたい人たちは、欠課になったり出席日数が減るのは困るとかで、ディキヤー（優等生）クラスは誰も出てこない。「いいよ」と私は一人、ガンガン太陽が照るところに出ていって座り込んだので、約束した人たちはハッとなって校庭に出てきました。それからみんなで座り込み、当時の新聞にも出たので、そこから問題が大きくなりました。

山内徳信《とくしん》先生（注15）はその時に、先生方の交換留学で読谷高校から静岡の学校に行っていましたが、そこにも私たちは、こうこうなっているから助けて欲しいと連絡しました。かつて読谷高校で校長をしていた読谷出身の方が、那覇や、あちこちいらっしゃるので、そこまで訪ねていって、「こんな問題がある。本人たちも反省していて、こんな状況なのに許さないんですか」と訴えたり、毎晩のように「加害者」とされた彼らの家に集まって話し合いました。みんな学校の先生とか、教育者の家庭でした。この人たちがアシバーグヮー（遊び人）で、どうしようもない人たちだったら私も見放したけれど、もともと彼らはいいものを持っている人たちだから、復学させましょうよ、ということで、署名運動するために情熱を燃やし、自分の勉強なんかそっちのけでした。男の子3人（2人は途中で処分を解かれていた）でしたが、みんな、1年の休学の後、復学しました。

その結果が出たのが、実は2学期の後半に入ってからです。結論が出たとたんに大学受験の勉強を始めたのですが、遅かった。わが身が可愛い人たちは全然協力しない。で

15山内徳信
　1935年生まれ。琉球大学文理学部卒業後、読谷高校教員に。1974年読谷村長選に初当選。以後、6期23年半を、米軍基地が総面積の73％を占め、事件事故が多発する読谷村を人権と民主主義が根づく平和な村へ転換するために奮闘。読谷補助飛行場のパラシュート降下演習には毎回抗議行動の先頭に立ち、跡地利用計画を掲げて返還交渉をすすめた。その村長室には憲法9条と99条が大書してかかげられていた。
　98年1月大田県政の出納長に就任、同年12月の県政交代で退任。2000年「基地の県内移設に反対する県民会議」の共同代表に。07年参議院選に全国比例区（社民党）で初当選。

も私たち応援団は、「あんたなんか、約束したのに守らんわけ？」と言ってやりました。私は全然意識していなかったのですが、そのころからそういう「政治力」があったんじゃないかと、あとで言われました。

うちの担任は毎日、母親のところに行って「大学に行けなくなりますよ」と。うちの母も1、2回は私に「やめなさい」と言いましたが、私は言い始めたら聞かないとわかっているので、「本人が自分の意思で動いていることだから」と、それ以上言いませんでした。

それ以前に、琉米親善（注16）の制度で、大学に受かった場合は奨学金をもらえるという試験に私も友人も合格していたのですが、二人とも大学に落ちたので、これはパーになってしまいました。彼女は私よりすごく頭のいい人なのですが。

母は、「奨学金がパーになるのもわかっていたでしょう」と言って、私が大学に落ちたら浪人させなかったのです。「あなたは自分でその道を選んだんだから」と。

あの時やった人たちはみんな琉大を受けたけれど、みんな落ちました。浪人して翌年合格し、学校の先生になった人も何人もいますが、私と友人の二人は「もういいよね」と言って、受験は諦めました。この友人がバス会社に私を誘ったのです。「あなたは音楽の先生になると言っていたんだから、毎日歌も歌えるし、楽しいみたいだから行こう」と誘われて行ったら、私は受かって、誘った彼女は受からなかった。そんな団塊の世代の厳しい競争の時代でした。それでバス会社に入ったのです。

16琉米親善
米軍は沖縄を軍事基地利用し続けるために、「親善」の名で美化した様々な人心掌握策を行った。１９５３年には琉米親善協会発足（会長・オグデン少将）。地域の米軍部隊と市町村は「琉米親善委員会」を結成した。

✣ヤマトとの意識の違いを感じる

琉大を落ちてすぐ就職試験でした。実は、「東京の音楽学校に行かせて欲しい」と頼んだのですが、親に、「そんなお金はない。奨学金も自分でなくしたんだから、行くんだったら自分で稼いで行きなさい」と言われ、66～68年まで3年間、沖縄バスで働きました。3年間働けば大学入学金ぐらいの退職金がもらえるというので、それで大学に行きたいと考えたのです。

読谷から那覇まで通勤しました。琉球新報社の隣りに沖縄バスの会社があります。朝6時半にバスに乗って、毎日通っていたので、鍛えられました。3年間、無遅刻無欠勤です。ですから、今でも早起きは全然苦になりません。

沖縄バスではよく勉強しました。高校のとき、このくらい勉強していれば琉大なんかすぐ通っていたのに、というくらい勉強させられました。

3年間働いて、そのあと1年間、長崎淑徳女子大学に行きました。長崎大学の付属の私塾のようなものです。女子だけ100人くらいの全寮制で、北海道から沖縄まで、全国から来ていました。普通に大学で勉強するもの、例えば経済も文学も長崎大学から先生が来て講義する。それに加えて、料理・裁縫・生け花・お茶なども勉強しました。父の知っている人がそこにいて、うちの姉も結婚する前に1年行っています。姉も私も、退職金をもとにして自力で行きました。

長崎の学校で、北海道から静岡から、友だちがたくさんできましたが、沖縄がまだドルを使っているころですから、彼女たちから「英語でしゃべるの?」と聞かれました。英語の上手な子たちは話しかけてきて、こっちが英語を知らないから驚くんです。

杉山先生という、私のことをすごく可愛がるけど厳しい先生がいました。この人に「みんなの前で沖縄のことを紹介してください」と言われて、私は講堂で、100名近くの学生たちと先生方の前で話をしました。一緒に勉強していた沖縄の学生が5、6人いたのですが、誰でもできるわけではありません。私はバス会社で、しゃべるのが仕事でしたから、沖縄はこんなところだと、また、ひめゆり学徒の話もやったのですが、学校中で有名になりました。バスツアーで長崎に行ったときも、「マイクを使って沖縄のことを話してよ」と言われました。戦争で亡くなった沖縄の人にとても申し訳ないという思いが、この先生にはあったと思います。

そこの職員たちが私をとても可愛がって、アシスタントをさせたがっていましたから、ここの職員になりたいという思いもありました。私は寮長もしていました。この学校に2年間いようと思ったんですが、そこの校長が、とても厳しい女の先生でしたが、「ここにいたら、ずっとここにいそうだから、ダメだ。あなたは沖縄に帰って、沖縄のために働きなさい」と言って、帰されました。その後一度、みんなを沖縄に招き、バスを借りてツアーをしたことがあります。

でも、そのころから自分で矛盾は感じていたんです。やっぱりヤマトの人とは意識が違うと感じました。みなさん、「沖縄はたいへんだったね」と言うんですが、基地負担とかは全然、誰も何も感じない。今考えると、学校も縮図だったんだと思います。

✣「復帰」の年に結婚・出産

長崎で1年間勉強して、沖縄に戻ってきました。そのときにはもう隆さんとつきあい始めていたので、帰って結婚しようと思っていたのですが、琉球電信電話公社（現在のNTT）で採用があるからどうね、と声がかかったので、入社しました。父の同級生がそこの総裁をやっていたので、秘書課に69年から3年間いました。そこで仕事しながら、復帰の年72年の1月に結婚しました。

　復帰の日の5月15日、私は妊娠5カ月くらいになっていました。夫は組合で「復帰反対」（注17）と活動している。私は家にいましたが、「私も与儀《よぎ》公園に行く」と言ったら「無理はしないで」と言われ、それでも見に行ったんです。沖縄はどうなっていくんだろうなぁ、この子たちが大きくなるころには沖縄の状況も変わっていて欲しいという願いを込めて、10月に生まれた長女に「未希＝未来への希望」と名付けました。

　秘書課で働き始めたら、そこの仕事にとても関心が湧いてきて、非常勤で腰掛けで働くのはもったいないと思い、本採用の試験を受けました。復帰のころには、電話も交換手が取り次いでいたものから直通でケーブルでつながるようになり、コマーシャルにも出たり、復帰の前後はものすごく忙しかったです。日本電信電話公社になってからは離島勤務もあるので、受験すると、みんなが、「結婚して夫がいるのに離島に行かされたら困るのではないか」と言って、一次試験で合格しても二次試験で落とされるんです。もうワジワジーしました。

17復帰（施政権返還）反対
　戦後の米軍統治から抜け出すために沖縄の大衆運動は日本復帰を目指していた。1969年の佐藤・ニクソン会談で施政権返還が合意されたがその中身は日米軍事同盟再編強化であり、米軍基地はそのまま居座り自衛隊が配備され、住民が望んだ「平和憲法下への復帰」ではないことが徐々に明らかになった。72年5月15日の復帰の日、那覇市民会館で記念式典が行われ、隣接の与儀公園では土砂降りの中、復帰協主催の「沖縄処分抗議、佐藤内閣打倒、5・15県民総決起大会」が開かれ、「自衛隊配備反対、軍用地契約拒否、基地撤去、安保廃棄」を訴えた。

18ノグチゲラ
　キツツキの仲間でやんばるの森にのみ生息する固有

そうこうしているうちに、琉球放送（ＲＢＣ）で募集していた「土曜ワイド」のアシスタントに、うちの夫が申し込みしたら受かってしまって、そこで2年間働きました。そのころに海洋博が始まり、海洋博前にもう一度、バス会社に戻されたのです。

そのきっかけは74年、私がＲＢＣでノグチゲラ（注18）の取材をしに与那覇《よなは》岳に行った時、取材を終わった後に転んでしまい、膝の皿にヒビが入っていると診断され、ギブスを巻かれて2カ月間入院したことです。その間、私が病院で寝ているので、昔、バス会社で同僚だった人たちが毎日のように来るんです。自分たちが復帰しようと思っているバスガイドに私も誘いたいけれど、なかなか言い出せないので、ケーキを持ってきたり、毎日毎日ゆんたく（おしゃべり）して帰る。退屈しのぎにしゃべっていたら、「バス会社に戻ろう」と、「ガイドというのは、いきなりはできない。あなたはもともとガイドの仕事をしていた人だから、テキストをちょっと読み直せばすぐガイドできるでしょう」と言って呼び戻されたのです。

そのころは海洋博（注19）の工事が始まっていました。私は「土曜ワイド」で、やんばるの海が赤土汚染されているとか、ＣＴＳ（石油備蓄基地＝注20）建設後の海が廃油ボールで真っ黒に汚れているという、そんな取材ばかりしていたので、海洋博には反対だったのですが、ガイドがいないからと言われて、半年間ということで戻ることにしました。ものすごく忙しくて、半年間で2～3年分くらい働いたと思います。半年では収まらず、そこからが長いんです。東陽バスに10年余、その後沖縄バスに5～6年、最初の3年を含めて通算すると約20年、バスガイドをやりました。

種。１９７７年に国の特別天然記念物に指定された。

19海洋博

沖縄国際海洋博覧会。世界40カ国・国際機関が参加し、１９７５年7月から半年間、沖縄島北部の本部半島を会場として「海――その望ましい未来」をテーマに開催された。復帰記念事業と位置づけられ、本土資本・地元企業入り乱れて土地投機、ホテル建設ラッシュ、多くの関連公共工事が短期日のあいだに実施された。沖縄経済の起爆剤と期待されたが入場者数は予想の6割にとどまり、倒産する企業や失業が急増、乱開発による自然破壊など、深刻な後遺症をもたらした。

20ＣＴＳ

１９７０年琉球政府が長期経済開発計画で石油産業の立地を掲げ誘致に意欲を

✣バスガイドとして「殉国美談」に疑問

最初のバス会社時代、当初は私もごく普通のバスガイドとして観光のお客さんに名所旧跡を案内して廻っていました。戦後の沖縄で商業観光が始まったのは1954年ころですが、その最初のスタイルは、沖縄戦で亡くなった方たちの遺族を案内する参拝団でした。沖縄戦に投入された第32軍・南西諸島方面防衛軍は、日本各地の部隊によって編成された混成師団でしたから、戦後、全国あちこちに沖縄戦の遺族会ができました。その遺族会のみなさんが、肉親の最期の場所を見たいということで続々と沖縄を訪れるようになり、戦跡観光の大きな流れが作られていったのです。

1954年というのは、沖縄戦県外戦没者の慰霊塔が初めて建てられた年です。米須《こめす》海岸の「魂魄《こんぱく》の塔」（注21）近くの、沖縄戦で1万700人という最大の犠牲者を出した北海道出身者を慰霊する「北霊の碑」でした。その除幕式に列席するために多くの遺族のみなさんが沖縄を訪れました。これがきっかけとなってその後、摩文仁の丘に次々と各地の慰霊塔・碑が建てられ、1960年にはほぼ今の形になりました。第32軍の司令官だった牛島満中将の慰霊塔がいちばん高い場所にあり、それを頂点に中腹から麓まで全国各地の慰霊塔が埋め尽くしている風景は、旧日本軍の体質そのままと言っていいでしょう。

こういう背景を持つ戦跡観光ですから、私たちガイドには、お涙頂戴の美談調が求められます。わが子や夫の眠る土地で魂を慰めたいという思いで訪れる遺族に向かって、

示した。復帰後の72年、与那城村平安座で沖縄三菱が埋立工事を始める。73年より石油タンカーによる事故、油の垂れ流しが続出、海洋博に伴う自然破壊、土地買い占めが横行する中で、CTSへの不安が拡がり、「金武湾を守る会」が結成された。現地闘争、裁判闘争が取り組まれ支援が拡がるが、屋良知事は任期を終える2日前にタンク設置許可を発表。勝連半島から海中道路が引かれ、平安座島など三島がつながり、石油タンクが林立した。金武湾を守る会の運動・思想はその後の住民運動に受け継がれていく。

21 魂魄の塔
1946年、この地の収容所に連れてこられた真和志村民が、激戦地であった一帯の遺骨三万余りを収拾し弔った納骨所。現在、

その気持ちを逆撫でするような説明は、戦跡観光で利益を得るバス会社の方針として許されません。沖縄戦や日本軍のふるまいを反省したり批判するなど、もってのほかです。ひめゆり学徒の話であれば、「17～18歳の少女たちが寝食を忘れて傷病兵の看護に当たり、愛するお国のために頑張り抜いて痛ましい最期を遂げた」と、摩文仁の丘では、全国各地の軍人・兵士が天皇のために国を守ろうと、どんなに勇敢に戦って、この地で倒れたのかを、まるで見てきたような殉国美談で説明するのです。

私も最初は、会社で教えられたテキストに基づいて殉国美談を語るので精一杯だったのですが、3年もしてゆとりが出てくると、ちょっとおかしいよね、と感じるようになりました。当時はそんなに強い意識はなかったのですが、お客さんを案内しながら、牛島中将の話をし、基地のところに来ると米軍基地の問題を話すことに、自分でだんだん自己矛盾を感じてくるんです。どうしてこの中に沖縄の人が出てこないのかなぁ、自分の両親もたいへんな思いをしたというのに、これが全く抜け落ちているなぁ、と考えるようになりました。

放送局で仕事をするようになってから、おかしい、おかしい、という意識がますます出てきました。国が沖縄で海洋博をやってあげると言っているけれども、自然破壊以外の何ものでもないよね、と思いました。また、夫の組合活動を通じて、今まで私が感じていなかったことにもどんどん目覚めてきたのです。ですから、バス会社に戻った時、そういえば家族の戦争体験はどうだったんだろう、と思っていたのですが、父は1975年に食道ガンで亡くなり、その半年後、後を追うように母が亡くなりました。

「平和創造の森公園」の中にあり、6月23日の慰霊の日には毎年早朝から多くの遺族が訪れる。

父は60歳、母は61歳でした。私は両親に戦争体験を聞かないまま亡くしてしまったのです。

✣沖縄戦の真実を伝える平和バスガイドの活動

あるとき、ひめゆり学徒が最期を迎えた第三外科壕のそばで、いつもの調子で説明をしていると、それを聞いていた第三外科壕の生き残りの方お二人から、「あなたの説明は丁寧ですばらしいが、事実と違うところがある」と指摘されました。私自身、沖縄の人たちがどういう状況にあったのか、疑問を感じていたので、詳しい話をうかがいたかったのですが、仕事中だったので、その場はそれで終わってしまいました。

その後、たまたま聞いた「沖縄の平和を考える百人委員会」のシンポジウムで、ある研究者が「沖縄のバスガイドは、米軍基地の説明はきちんとやっているのに、南部の戦跡では殉国美談で終わっている」と話したので、私は「殉国美談で終わらせないよう、バス会社に具体的な提言をしたことがあるのですか」と噛みついたのです。そういうやりとりがあったので、シンポジウムの後、1冊の本を紹介されました。沖縄国際大学の石原昌家《まさいえ》先生（注22）が、学生たちと地道なフィールドワークを通じて集めた住民の戦場体験の証言をベースに書かれた『虐殺の島』（晩聲社刊）です。

一読して衝撃を受けた私は、この本をテキストに勉強会を始めました。著者の石原先生を中心に、会社は違っても殉国美談はおかしいと感じていたバスガイドの仲間たちと「がじまる会」という名称の会を立ち上げました。城間佐智子さん（注23）たちも一緒

22石原昌家
　１９４１年生まれ、社会学・平和学。沖縄国際大学名誉教授。沖縄戦の実相解明を追及し続ける。沖縄県「平和の礎」刻銘検討委員会座長を務めた。

23城間佐智子
　１９７１年沖縄バスに就職しバスガイドに。88年、会社の定める35歳定年を不服として裁判を起こした。

でした。沖縄国際大学の農業・漁業・経済・自然・環境・米軍基地・文化などそれぞれの専門の先生が加わり、この勉強会は約1年間続きました。

その成果を元に、いよいよ76年ごろから平和バスガイドの活動を始めたのですが、何しろそれまでの沖縄観光の常識を覆すのですから、最初は職場や地域の理解が得られず、とにかくたいへんでした。会社に内緒で、八汐荘とかあちこちで勉強しました。

平和バスガイドに最初に注目したのは、沖縄よりも本土のマスコミ、新聞でした。沖縄でこんなガイドをやっていると、朝日や読売などの中央紙に先に紹介されてしまい、旅行者が本土からその記事を仕入れて来て、会社にもわかってしまいました。びっくりした会社から「勝手なことをするな」と怒られ、職場の中でも孤立したような状態になって、ずいぶん落ち込みました。もうやめてしまおうかと思い詰めた時期もありました。

しかし、そういう葛藤を乗り越えることができたのは、平和バスガイドの活動の中で、もっと沖縄戦の真相を知りたい、県民・住民のあるがままの戦争体験を学び、掘り起こし、それをガイドの仕事を通じて多くの人々に伝えていきたいという意欲は募る一方だったからです。そして、それを後押ししてくれたのが、この時期、住民の沖縄戦体験が、本当にぽつりぽつりとではありますが語られ出したことです。

戦後長い間、住民の生々しい体験は、一部の証言を除いて、固い沈黙の中に封じ込められていました。体験が重すぎ、極限状況の中で生き残った方も多くが体や心に深刻な傷を負っています。こうした心の痛手を乗り越え、振り絞るように語られ始めた戦争体

【35歳定年訴訟】

裁判では86年施行の「男女雇用機会均等法」をもとに、「職種別定年」という会社の主張に対し、ガイドのみが若年定年であるのは明らかな男女差別であると訴えた。この異議申立は当時の働く女性たちに大きな共感を得て支援の輪が広がった。定年を60歳に改めるなど原告の言い分を認める形で和解が成立、ガイドとして職場に復帰した。

【バスガイドの定年】

・1972年復帰のころは27歳。
・1975年海洋博などでガイドの需要が高まり30歳に。
・1980年さらに5年延長され35歳となる。
・1988年「バスガイド35歳定年訴訟」により60歳に。

験によって、沖縄戦の真実のありよう、「沖縄戦の悲劇」というようなきれい事では片づけられない実態がわかってきました。それが、平和バスガイドを続けていこうという私の気持ちを強く後押ししてくれたのです。

✣母の戦争体験に後押しされて

母の三年忌の時でした。叔父や叔母たちから「あなたはバス会社で勉強会も始めているようだけど、お母さんはこうだったのよ」と、母の戦争体験を初めて聞かされました。

戦争中、身重だった母は、3人の子どもたち（私の姉2人と兄）を連れ、祖母、叔母（父の弟の妻）と一緒に国頭村《くにがみそん》の浜集落に疎開し、戦火を逃れてさまよう中で、6月に避難壕の中で出産したそうです。しかし、生まれた女の子は生後1週間ほどで亡くなり、その後を追うように、当時3歳だった兄までが栄養失調で亡くなってしまいました。終戦直前、名護の仲尾次《なこうし》あたりだったそうです。母は亡くなった長男を抱いたまま片時も離さず、生きているかのように語りかけ、遺体の腐敗が進んでも離そうとしませんでした。数日後、無理矢理引き離して、ようやく埋葬したそうですが、母は息子が死んだことをなかなか受け入れられなかったといいます。

本人はこのことを決して語りませんでした。ひた隠しにしていたのです。私は、あの元気で明るい、どこか底抜けの「天然ボケ」のような、人を笑わせてばかりいた母のどこに、こんなたいへんな悲しみを持っていたんだろうと、信じられない思いでした。子どもがいないときにこんな話をされてもピンと来なかったかも知れませんが、話を聞く私の膝の上には、亡くなった男の子と同じ3歳の長女・未希がいたので、子どもを持つ母の気持ちがわかり、とっても辛かったです。

父は長男ですが、結婚後、女の子が2人続けて生まれたため、母は「男の子を産みきれない」という祖母や父の兄弟からのプレッシャーにさらされていました。やっと男の子が生まれ、この子を絶対に大事に大事に守りたいと育てていたので、命が失われる悔しさ・悲しさと同時に、女としての悔しさが二重にあったと思います。

私は母の戦争体験を聞いた時、どんな女性にも、母のような悲しみ・苦しみを二度と味わわせてはいけないと、固く決心したのです。それからは、平和バスガイドにいっそう力を入れるようになりました。

その後、私は3人の子どもたちに恵まれ、夫をはじめ家族に支えられながら平和バスガイドを続けました。仲間は増え続け、観光客にも口コミで平和バスガイドが広まり、指定してくるようになりました。会社にとっても平和バスガイドはドル箱になってきたのです。

沖縄県でも、私が県議となった2年目（注24）から平和ガイドの養成に乗り出し、沖縄戦研究者や環境・文化・経済等のジャンルを網羅した多彩な講師陣を擁して、毎年50人ものガイドを養成する事業が始まり、現在も県政に根付いて取り組まれています。沖縄観光といえば戦跡巡りの殉国美談一色だったころを思うと、隔世の感があります。ここまで来ることができたのはやはり、沖縄戦という極限的な体験を強いられ、戦後も基地と戦争の影のもとでの暮らしを余儀なくされてきた県民の平和への願いが、それだけ

24 県議2年目
　1993年。1990年に当選した大田昌秀県政の平和行政が形をとりはじめた時期にあたる。

沖縄バスでガイド中（1991 年）
撮影：大塚勝久

切実だからです。

✣女性の視点で「平和の一議席」を

　私は県民の戦場体験だけでなく、朝鮮から強制連行されてきた軍夫や「慰安婦」と呼ばれた女性たちの埋もれた戦争体験を聞き、沖縄戦を被害と加害の両側面から語ることや、ガイドブックにはない戦跡を紹介するなど、平和バスガイドとして一生懸命に戦争の実相を伝え、平和の尊さを訴えてきました。

　１９８６年11月22日、新崎盛暉《あらさきもりてる》先生（注25）が学長をしていた沖縄大学の第１３４回土曜教養講座「シンポジウム　強制連行の韓国人軍夫と沖縄戦」で、慶良間《けらま》諸島・阿嘉《あか》島で起こった日本軍による朝鮮人軍夫虐殺事件から奇跡的に生き残った方を含め、５人の関係者の方を招いて証言をしていただきました。まだソウル五輪前で、日韓の間をそう自由に行き来できる状況にはなかったので、外務省を通して沖縄にお招きする形をとりました。

　この方たちに同行して戦跡をご案内し、阿嘉島では処刑のあった現場と思われる場所にも行きました。阿嘉島で生き残った沈在彦《シムジェオン》さんは、無念にも処刑された同胞の骨を必

25新崎盛暉
　沖縄大学名誉教授。沖縄の民衆運動に深く関わりつつ沖縄現代史を研究。１９７４年より沖縄大学に勤務。83～89年、２００１～04年、学長。１９８１～90年、沖縄大学と高文研が共催した「沖縄セミナー」は基地と戦跡を統一したフィールドワークのルートを開き、全国の中高校の「沖縄修学旅行」を促進、いまでは年間50万人の修学旅行生が沖縄を訪れるようになっている。

ず拾いに来るとの強い願いを持っていました。残念ながら遺骨は見つかりませんでしたが、代わりに島の石を拾って韓国に持ち帰り、その石をもとに慶尚北道慶山郡の百合公園墓地に慰霊碑を建立しました。

87年4月20日に現地で行われた慰霊碑の除幕式には、沖縄から新崎盛暉先生をはじめ沖縄大学の先生方、阿嘉島の少年義勇隊の生き残りの方、琉球新報社の前泊博盛記者などが参列し、私もお花を手向けました。

このような私の活動が理解され、1992年に沖縄県議会議員選挙で初当選し、政治の道を歩み始めるようになりました。3期12年の県議時代は、「平和」「環境」「教育」「女性」を政策の柱としながら、基地沖縄の現状に立ち向かい、また「子ども病院」(注26)の設立など女性や子どもの立場に寄り添った活動を展開してきました。特に大切にしているのは「女性の視点」で政治に関わるという姿勢です。沖縄の女性は働き者で、家計を支えていることも多いのですが、一方ではドメスティック・バイオレンス（DV）など多くの問題を抱えています。沖縄の女性が現実に果たしている役割にふさわしい社会的地位をきちんと確立することは、女性が元気いっぱい力を発揮し、沖縄を平和の島へと造り替えていくためにも非常に重要です。

私は今、沖縄から「平和の一議席」を担って国会に送り込まれた参議院議員として、活動の領域を広げています。沖縄から軍事基地をなくしていくためには、日本政府が早くアメリカの軍事戦略のしばりから脱却し、アジア諸国に仲間入りする方向に外交の舵を切り替えるよう求め、そのことを促す活動を行っています。もちろん私だけの力でで

26子ども病院
正式名称「母子総合医療センター」。病院全体で子どものケアを行う。沖縄では難病の子どもたちは本土の病院を紹介されることが多く、経済的、精神的、時間的負担が大きかった。難病の子を持つ親の会11団体が「母子総合医療センター設立推進協議会」を結成、署名活動、設立支援チャリティーコンサートが行われ、1996年には県議会に4万の署名が集められた。総合病院に子ども病院を併設する形で「沖縄県立南部医療センター・こども医療センター」として実現。

きることではありませんが、心強いことに、党派を超えてこの方向で一致できる国会議員の同僚は少なくありません。さらに国会で仲間を増やしていくために、沖縄に議員のみなさんを招き、私が平和ガイドを務める機会も設けるようにしています。

私の政治活動を支え、後押ししているのは、今までも、これからも、沖縄戦体験があるからこそ忘れようとしても忘れることのできない県民の平和への痛切な思いです。その意味で「平和バスガイドは糸数慶子の原点」です。沖縄から戦争につながる一切のものをなくしていくことこそ、子どもたちが二度と戦場へと駆り出されることのない日本を創るための大きなステップであると確信し、これからも精一杯活動していくつもりです。

安倍政権が誕生し、集団的自衛権や国防軍の創設、平和憲法を変えて「戦争のできる国」に向けた体制整備が急速に進められている中で、「平和の一議席」はますます重要になってくると、決意を新たにしています。

II

議員と新聞記者と

二人三脚の40年

〈対談〉

けいこ&たかし

司会：浦島悦子

家族いっしょに（1988年）

――男の世界と思われていた政治の世界に女性が足を踏み入れ、既成概念と闘いながら道を切り拓き、新たな世界を築いていくのは並大抵のことではありません。県議会議員、国会議員、県知事候補など、常にパイオニアとして、その壁を破り、困難を越えてきた慶子さんのこれまでの歩みは、家族、とりわけパートナーの隆さんに大きく支えられてきたと思います。慶子さんの政治活動は、その出発から、隆さんなくしてはありえず、隆さんとの二人三脚であったと言えます。

数知れない葛藤や苦難がありつつも今日まで続く、その二人三脚のあゆみを知ることは、慶子さんのあとに続く女性たちに大きな勇気と示唆を与えてくれるでしょう。沖縄の女性たちの未来のために、隆さんのご協力をいただき、今日はお二人に存分に語り合っていただきたいと思います。

✣原点としての喜瀬武原闘争

――慶子さんの政治活動の原点は、隆さんが逮捕された「喜瀬武原《きせんばる》闘争」（注1）だと聞いていますが。

けいこ：私たちは沖縄の日本復帰の年、1972年に結婚しましたが、喜瀬武原闘争は1976年、長女の未希がまもなく3歳になろうとする時でした。

たかし：1976年9月17日から19日の間に行われる予定だったキャンプハンセンの県道104号線越え米軍実弾砲撃演習を止めるという闘いでした。それで3名の仲間と一緒に逮捕されたんです。

1喜瀬武原闘争
　在沖米海兵隊が実施する県道104号線越え実弾演習に反対した阻止闘争。
　1973年3月30日、在沖米海兵隊はキャンプハンセン演習場で県道104号線越え実弾射撃演習を初めて実施。155ミリりゅう弾砲を104号線東側の山中から5キロ先の金武岳、ブート岳に向けて発射、演習時間中は弾道真下の県道は封鎖される。県や民主団体の中止要求は聞き入れられず、演習は繰り返され、8月には現地で抗議集会が開催された。74年2月、着弾地に阻止団が潜入し、初めて演習を一時中断させた。75年2月、阻止団はブート岳を占拠、一発の発射もさせなかった。3月、厳しい警備網をぬってジャングル内の阻止闘争を展開、演習を全面阻止。76年7月、阻止団が山中にいる

——これは労働組合でやったんですか？

たかし：僕は当時27歳で、沖縄タイムスの記者として働きながらタイムス労組の青年部長をしていました。この演習は復帰前からずっとやられていて、復帰以前は通告の義務がないから、米軍が勝手にやっていたんですね。

喜瀬武原闘争のきっかけは、74年に「平和友好祭」が宜野座《ぎのざ》の漢那《かんな》ビーチで行われたんですが、その帰りに、キャンプハンセンで予定されていた県道104号線越えの実弾砲撃演習を阻止するために、最初は現地の104号線道路に車を乗り入れて、頭上を飛ばさないということで中止に追い込んだ。当時は機動隊も入っていなかったので、自由に車を乗り入れて演習を阻止しました。

2年間、この闘争をやったんですが、機動隊が入って車を排除するようになったので、じゃあ着弾地に上ろう、という運動に転換した。恩納《おんな》岳と金武《きん》岳の間にあるブート岳に米軍がジープなど標的を置いて、それを撃つんですが、僕らはその標的にのろしを上げ、人がいるから撃ち込むなと、体を張って阻止するという形で運動をしました。

——これは組合の方針でやったんですか？

たかし：原水協（原水爆禁止協議会＝注2）の方針です。当時の原水協は仲吉良新《なかよしりょうしん》さん（注3）が理事長の時代だったんですが、原水協に参加しているマスコミ労協あるいはタイムス労組もその方針に従って闘争した。僕はそれ以前も含めて3度、着弾地に入っています。

けいこ：私との関わりで言えば、結婚する前は、出身が読谷村ですから、高校時代に、

のに構わず米軍は演習を実施、爆風で重傷者を出す。9月、県警が1千人の大警備をしき、阻止行動の労働者4名が刑特法違反で逮捕される。77年1月の演習では県原水協が山中阻止行動方針をおろし、4月には山中阻止行動の学生3名が刑特法違反で逮捕される。

刑特法被告を支える市民の会が結成され、反戦集会やコンサートを開催し、裁判支援が行われた。

演習による事件・事故の多発で、85年に訪米した西銘順治知事は米国防長官にキャンプ・ハンセン、キャンプ・シュワブでの一切の実弾演習中止を要請したが、聞き入れられなかった。96年のSACO合意（沖縄に関する日米合同委員会）で、104号線越え実弾演習は本土の5自衛隊演習場に移り、移動費用は日本政府が負担している。

近所の小学生の棚原隆子ちゃん（85ページ参照）が、米軍演習で落ちてきたトレーラーの下敷きになって亡くなった事故があって、米軍による事件や事故に敏感になっていたんです。だけど、その時期が過ぎれば、日常の中には入ってこないし、しばらく忘れていた。また、バスガイドとして戦跡や基地の説明をする中で、こういうひどい状況があるということは意識してはいました。

しかし、結婚した夫が、組合活動をしている中で突然逮捕される。そういう形で喜瀬武原闘争が生活の中に入ってきて、正直言ってびっくりしました。もちろん、組合の人たちがわが家にずっと出入りしているので、活動のことは理解しているし、一緒にやっているつもりではあったんですが、いきなり逮捕されるということが起こり、「刑特法（刑事特別法）第1号の妻」ということでいろんな集会にも駆り出されて、その中から、夫との二人三脚の闘いが始まったと思います。

たかし：留置場に19日間いて、20日目に刑務所に入って21日目に釈放された。まず警察署に拘留して、起訴するかしないかを決め、起訴されたら刑務所に入る。警察での拘留は20日が限度ですから、20日以内に決めなければならない。そのぎりぎりで起訴して、未決囚として独房に入れられた。留置場は雑居ですから、いろんな人たちが入っていましたが……。

けいこ：隆さんが最初の逮捕だったので、被告第1号、当時北部地区労の仲村善幸《ぜんこう》さん（注4）が2番目だった。黙秘を続けたので名前を呼ばないで番号で呼ばれていました。さっき、着弾地に3回入ったと言っていましたが、1回目、2回目に入るとき

2原水協
　1954年、ビキニ水爆実験での第五福竜丸被曝に突き動かされた東京杉並の女性たちの取り組みから始まった日本で初めての全国的市民運動。沖縄原水協は1958年に結成。

3仲吉良新
　1931年生まれ。集団疎開先からの引き上げを前に、家族全員の死亡を知らされ熊本に残る。高卒後福岡法務局に勤務。1958年琉球政府（法務局）に就職し、66年沖縄官公労を結成、初代委員長を務める。沖縄原水協理事長、県労協議長、自治労県本部委員長、自治労中央本部副委員長を歴任、大衆運動・労働運動を指導。91年に死去。

4仲村善幸
　1947年生まれ、名護市議・ヘリ基地反対協事務

は、家から出かけていくときに胸騒ぎはしなかったんですよ。でもその逮捕されるときは、何となく胸騒ぎがしていたんですね。

ちょうど逮捕されたその時間というのは、不思議なことに娘の未希が、3歳の誕生日を迎える直前だったんですが、夜9時過ぎにむずがって「歯が痛い、歯が痛い」と言って寝付かないので、家の周辺を、月を見ながらぐるぐる回って、やっと10時、11時ぐらいに寝かしつけたんです。そしたら翌朝早く、会社の方がお見えになって、「実は隆さんが逮捕されました」と、「だけど職場の方で職がなくなるとかいうことはないので落ち着いてください。大丈夫ですよ」と言われて、時間を聞いたら、ちょうど未希がむずがった時間だったんですよ。

たかし：逮捕されたのは夜の10時35分だった。

けいこ：未希が、普段こんなことはないのにむずがったので、子どもながらに父親のことを察知したのかと不思議でした。

いちばん驚いたのは、隆さんの両親が、普通だったら騒ぎそうなんだけど、父親がすごくしっかりしていて、連絡が来たときに私に向かって言ったことは、「大丈夫だよ。悪いことをして警察に連れて行かれたわけじゃないから、落ち着きなさい」と。当時、同じ敷地内の別棟に住んでいたんですよ。朝早く会社から電話があって、人事の担当者がお見えになって、かくかくしかじかで、「あなたのご主人は今、警察に留置されているけれども、仕事の上で何も支障を来すわけではないので心配しないでください」と、それを聞いて両親は落ち着いているんですよ。まぁ、あとで夫は個人的にはかなり言わ

局長。06年名護市議選に初当選。2期目の現在、10年に「辺野古の海にも陸にも新たな基地はつくらせない」と公約し当選した稲嶺進名護市長を支える。

れていますけどね、メーナイイナイ（出しゃばり）するな、と（笑）。

❖県民に理解された闘い

たかし：その前に琉大生がケガしているんだよね。中にいるのを承知で砲弾を撃ち込まれて、木から落ちて。通告なしで迫撃砲を撃つから、地響きはするし、近くで火柱は立つ。それがあるもんだから、それぞれが危機感をもっていた。侵入させないつもりで前日の深夜からやるんですよ。中には不発弾があったりしますから、危機感はある。だけど、自分の身には起こらないだろうという気がどこかにあって、変に自信を持って入っていくわけですけど。

僕らがそういう運動に駆り立てられていったのは、やはり県民の理解、あるいは会社の理解があったからです。それがないと、単なる跳ね上がり分子と見られる。留置場にいようがどこにいようが、みんなが声援してくれるんですね。中にいてもシュプレヒコールが聞こえるんですよ。

そういう励ましや、組合が会社と交渉して、「身分は保障します。破廉恥《はれんち》罪じゃないから差別はしません」と確約させる。県民の理解がある中で会社も理解して、社説で「すぐに釈放しなさい」と書いたり、県議会で釈放を求める決議がされたり、そういう県民運動があったから僕らは支えられた。ただ過激派的にぽんとやっても理解を得られないですよ。

あれだけ目の前で山を焼かれて、しかも住民が行き来する県道を封鎖して弾を飛ばすというのは、アメリカではまったく考えられない。それを平気でやれる、県民の命や財産を無視し続ける……。

けいこ：自然破壊もはなはだしい……。

たかし：だから県民も怒っている。県民の怒りのエネルギーの中で僕らの運動があった。そういう意味で理解があったと思います。

けいこ：県民の命が危険にさらされるという構図は、今も全然変わっていない。県民の命を無視する日米両政府の圧力は変わっていないですよね。喜瀬武原の山肌は今も傷つき、山火事も不発弾もたくさんあります。

　当時、まもなく3歳になろうとする娘にこのことを言っても理解できないだろうと思ったので、「お父さんは東京に出張していて、やがて帰ってくるよ」とか、「誕生日のプレゼントを買って帰ってくるらしいよ」とか言っていた（笑）。組合の方々がそれを聞きつけて、誕生日のプレゼントも、彼女が欲しいというものを買ってきてくれたり、残された家族が孤独感に陥らないようにみなさんが気を遣ってくださった。そういう中での闘争でした。

　検察から、接見するという連絡が来るんですが、本人は黙秘権を使いたい。組合の方々が家の前に車を停めて24時間態勢できちんと私たちを保護してくださった。また、獄中の夫に手紙を届けたり、励ましてくださったのが池宮城《いけみやぎ》紀《とし》夫《お》弁護士（注5）でした。今、振り返ってみても涙が出るほどありがたいなぁと思いますね。一人で闘っているんじゃないよ、あなたの夫も家族もみんな一緒に闘っているということを身をもって教え

5池宮城紀夫
　1939年生まれ、弁護士。沖縄における多くの住民運動や、反基地闘争、米兵犯罪など地位協定にかかわる諸事件の弁護士として精力的に活躍。現在、原告2万2千人の「第3次嘉手納爆音差し止め訴訟」や、座り込みの住民を国が通行妨害で訴えた「高江ヘリパッド建設・スラップ訴訟」の弁護団長を務める。

てくれるという、たいへんだったけれども温かい闘争を展開しました。

たかし：家宅捜索もあったので、組合のみなさんは24時間態勢で見張っていたんですよ。ガサが入るのは止められないけど、それに立ち会うということも含めて。

けいこ：たいへんでした。せめて娘が保育園に行った後でやって欲しいと言ったんですが、それは聞き入れられなかった。実家がすぐ隣ですから、娘はお義父さんとお義母さんにお願いしてやってもらったんですけど、家宅捜索というのはすさまじいですね。これは体験した人じゃないとわからないと思うんですが、びっくりしました。

たかし：その後、裁判に7年間かかりました。地裁・高裁まで行って、高裁での判決が「懲役3カ月、執行猶予1年」だった。最高裁まで行くか、という話が出たんですが、これを判例にするわけにはいかないだろう、最高裁も無罪を認めないだろうから、刑特法の適用事例ということで刑を確定させるわけにはいかないということで、最高裁への上告はやめました。それでも7年というのは長かった。

けいこ：長かったですね。組合のみなさんが応援してくださっているとはいうものの、最初の公判が行われたときは傍聴券を取るのもたいへんで、私たち家族も入れなかったんですよ。隆さんはじめ4人の被告がいますから、家族は外で待って、集会で報告を聞くという状況でした。4人がやせ細った体を引きずるようにして法廷に入っていく様子を、妻たちは固まって泣きながら見守った。

そういう中で、いちばん励みになったのは4人の家族が団結して、毎月、模合《もあい》（注6）をしながらお互いに支えあっていったことです。過去の裁判の中で、家族がその裁判を

6 模合（ムエー）
　金銭相互扶助の習慣。数人から数十人のグループで毎月一定額を出し合い、集めたお金は参加者が順番に受け取る。縁戚や職場、同窓会などのグループがあり、金額や規模も様々。金銭扶助より定期的な交流会の性格を持つ模合も多い。

7 福地曠昭
　1931年生まれ。復帰運動・主席公選要求運動な

通して逆に離反していくようなこともあったので、仲吉良新さんとか福地曠昭《ふくちひろあき》先生（注7）とかが間に入って、家族がまとまって何かできないかということで模合を続けて、毎月1回集まってお互いの近況報告をしながら、7年間みんなで支え合っていったんです。

たかし：これは笑い話ですが、留置場にいると、確信犯というのは格が上なんですよ。窃盗とか猥褻《わいせつ》犯とかいろんな人たちが同じ房に入っているけど、確信犯は尊敬される（笑）。4人部屋だけど、それぞれは単純犯でぼんぼん起訴されていくから、僕がいちばん長い。最初、教員と思ったみたいで、「主任制（注8）をどう思いますか」と聞かれたりした。別の部屋なんだけど、夜中に聞いてくるんですよ。「1号さん、1号さん」と呼ぶから「何ですか」と聞いたら、「主任制をどう思いますか」って、一見ヤクザ風の人に聞かれた。

そういう中で暴力団の会長が入ってきた。Nというんですが、やんばるでの殺人事件で、関西で捕まって入ってきた。僕はその時に取り調べに行っていて、夜の10時ごろに帰ってきたら、黒板に誰々が入っているというのがあって、Nと書いてある。新聞社にいるからわかるので、たいへんな人が入ってきたなぁと思って、とりあえずトイレに行って出てきたら、Nさんが僕に最敬礼した（笑）。

けいこ：そんな感じで、政治闘争に対する目覚めというのがありました。7年間、否応なしにやってくる取材だとか、子どもを抱えながらの闘いなので、子どもたちを巻き込みたくないと思いながらも、自然と巻き込まれていくんですね。夫の映像がしょっ

ど戦後沖縄民衆運動のオルガナイザー。1959年「沖縄県祖国復帰協議会」結成を呼びかける。61年「沖縄人権協会」を結成、事務局長に。67年「教公二法阻止」闘争のなかで右翼テロにあい重傷を負う。沖縄県教職員組合委員長、「沖縄戦記録フィルム1フィート運動の会」立ち上げ、沖縄ベトナム友好協会会長など多くの運動の設立にかかわり要職を担う。

8主任制
1975年、文部省は学校教育法施行規則を改定し、公立小中高校に教務主任や学年主任を置く「主任制」を省令化。学校教育のなかに上意下達の管理体制強化をもたらすものと批判され、反対運動や主任手当返還運動などが全国で取り組まれる。沖縄では81年に実施となった。

ちゅうテレビに出るので、子どもたちどうしで遊んでいる会話の中にも、「未希ちゃんのお父さんが何か悪いことをしたらしい」というのが出てくる。家に帰ってきて「何か悪いことをしたの？」と聞くんですよ。おじいちゃん、おばあちゃんがしっかりしているので「何も悪いことはしていないよ」と話を聞かせたら、娘の言うことがふるってて、「山に弾を撃ち込むのは米軍でしょ。この人たちが捕まるべきなんじゃないの？」と。子ども心にも、正義の味方だ、みたいな感じで、本人の中の父親像が作られていったと思うんです。

娘が小学校に上がっても闘争は続いているから、担任の先生が、新聞に大きく出ているのを見せて、「この人は未希ちゃんのお父さんですよ。こういうことをして、すごい人なんですよ」と言った。先生がお父さんのことをちゃんと紹介したと、帰ってきて誇らしげに報告したこともありました。

私のほうは職場の中で、あまり前に出るなと言われたり、たいへんな状況もあったんですが、沖縄の置かれている基地問題の厳しい現実があるんだということは、バスに乗っていてもきちんと話ができるようになった。でも、さすがに海勢頭《うみせど》豊《ゆたか》さんの喜瀬武原の歌（注9）は歌えませんでしたね。平和学習でもそこに来ると、「歌いなさい」と言われても、夫の裁判とだぶって涙が出て歌にならないんですよ。弾の撃ち込まれたあの山肌を見ると、もう涙が出てくるばかりで。それなのに、平和学習に来る友人たちは「歌え、歌え」と……。

たかし：僕が刑務所から出てきての第一声は「裁かれるべきものは国である」と。あ

9喜瀬武原の歌
作詞・作曲：海勢頭豊。1977年、那覇市民会館で開催された刑特法被告を支援する反戦チャリティコンサートで発表された。反戦・反基地平和運動のなかで繰り返し歌い継がれている名曲。

10本土分散移転
1996年のSACO最終報告で「この訓練が日本本土の演習場に移転された後に、危機の際に必要な砲兵射撃を除き、県道104号線越え実弾砲兵射撃訓練を取り止める」と合意

の無謀な米軍の演習を許している国に責任がある、僕らが裁かれるんじゃなくて、そういう状態を許している国が裁かれるべきだ、というのが第一でした。

けいこ：県民大会で2万人以上の人が与儀公園に集まって、私もみんなと一緒に国際通りをデモしたんですが、そのころから、気持ちの中では、そういう国を許しちゃいけないと、夫を通して、国の矛盾する政策を身をもって感じるというふうに自分がどんどん変わっていきました。

たかし：結局は本土に分散移転（注10）をして、この演習は沖縄ではやらなくなった。

けいこ：分散移転したのは95年の少女の事件（注11）の後ですよね。でも結果的には、演習の日数そのものは増えていて、決して負担軽減にはなっていない。

たかし：104号線越えはやらなくなったが、通常の砲撃演習はしている。迫撃砲の音が聞こえるし、山火事が起こるのも迫撃砲だと思いますよ。

けいこ：ただ、子どもたちの通学路や民間の上を弾が飛び交うのだけは回避されたので、それはそれで一つの成果はあったと思うんですよね。大田昌秀知事時代の大きな成果として分散移転が行われた。

✣政界への第一歩――県議として

――慶子さんが政界への第一歩を踏み出されたのが1992年の沖縄県議選ですが、そこに至る経過をお話しいただけますか。最初に議員出馬の声がかかったのは慶子さんではなく隆さんだったとか……。

され、矢臼別（北海道）・王城寺原（宮城県）・北富士（山梨県）・東富士（静岡県）・日出生台（大分県）の5カ所の陸上自衛隊演習場に移転した。沖縄の「負担軽減」と言われるが、実際には狭い沖縄ではできない大規模な演習を、日本政府の金銭負担で行えるという、米軍にとって都合の良いものとなっている。

11　95年の少女の事件
　1995年9月4日に沖縄本島北部で、米兵3人が女子小学生を拉致（らち）・監禁し、強姦（ごうかん）した事件。日米地位協定の取り決めで、実行犯が日本側に引き渡されず、県民の怒りは基地の存在に向けられ、8万5千人が参加した10・21県民総決起大会が開かれるなど、反基地運動の大きなうねりを引き起こした。

けいこ：隆さんが闘争を通して県民に名前を知られるようになり、組合の中でも活動をきちんとやっているので、沖縄社会大衆党（社大党＝注12）から、隆さんを那覇市会議員に出していただきたいという連絡が来たんですよ。仲本安《あ》一《いち》さん（注13）が委員長時代だったと思います。ところが彼が、自分は新聞記者として頑張りたいと断ったので、私の方に話が来たんです。

たかし：すぐ彼女に行ったわけじゃない。最初は僕の方に来たんですが、僕が断ってしばらくはその話はなかったんですよ。その後、瑞《ず》慶《け》覧《らん》長《ちょう》方《ほう》委員長（注14）の時に、慶子さんを、という話があって、このときは市会議員に出てほしいということだった。島袋宗康《そうこう》さん（注15）の時代になって県議という話になった。僕は、市会議員には申し訳ないけど、全県的な運動をするにはやはり県議会じゃないと、という気持ちがどこかにあった。しかも、すでに彼女は平和ガイドとしてシナリオを書き換えたりとか地道にやってきているので、彼女の方が力があると思ったんです。

僕は確かに当時、知名度はあったけど、「僕ではできない。あなたならできる」と。まぁ、新聞記者でいたいというのがいちばん大きかったのかもしれません。そしたら宗康さんが、自分は国会に行くので、自分の後任に、ということになった。

けいこ：でも、そんなに簡単なものではなかったですよ。まず、隆さんが断ったから、次は私が金城睦《ちかし》先生（注16）に呼ばれた。「ホテルでお食事しましょう」と言うから、なぜ金城先生が私とお食事なんだろうと思いながら行ってみたら、選挙に出て欲しいということだったので、「ダメです」とお断りしたんですよ。

12沖縄社会大衆党（社大党）
　1950年に沖縄群島知事の平良達夫を中心に結成。復帰運動の中心にたつが、復帰後は「沖縄の問題が解決されていない」として本土政党との系列化を拒否し地域政党としての存続を選択。沖縄の自立、平和の創造、自治の確立を政策に掲げ、沖縄の革新勢力共闘の「扇の要」としての役割を担っている。

13仲本安一
　1935年生まれ。65年に那覇市議に初当選し、76年に県議初当選。84年より社大党委員長を務めた。96年に政界を引退。

14瑞慶覧長方
　1932年生まれ。琉球大学卒業後、高校教師、大里村教育委員、大里村農協理事を経て、沖縄県議会議員（社大党）。87年から89

そしてまた何年か経ったら、今度は瑞慶覧先生から「どうですか」と言われて、それも「ダメです」と。その理由は、二女が生まれたばかりだったので、育児も仕事も両方やっていきたい、ということでお断りしたんです。そしたら今度は島袋宗康さんから連絡があって「出てください」ということだった。

最初に仲本さんから話が来てからもう8年経ちました。そのころには二女が小学校に行っていて、三番目が生まれていました。その間に時間はどんどん過ぎて、私は会社の枠から抜け出し、自分自身で平和ガイドのグループを作っていた。専門学校を作って人材育成をしたいという夢があったんですよ。それで会社を辞めて、自分の事務所を持つということで立ち上がったころに話があったんです。

子どもも大きくなったでしょう、会社も辞めたというじゃないの、ということで、逃げ道を全部封じられて、それで、島袋宗康さんが参議院選挙に出ないといけない状況だから、ぜひその後を受けて県議に出ていただけませんか、ということだったんですね。それで、隆さんをはじめタイムスの組合の方とか記者さんたちを集めていろいろ話をしたら、やろうよ、ということになって……。

実は、私より先に隆さんの方に「慶子さんをどうですか」と話が行っていたんですよ。それを受けて彼は何人かに相談して、社大党の起死回生をはかるためにもどうだろうという話をしたら、社大党ファンもいて、いいんじゃないの、となった。隆さんが納得したから私に話が来たんです。

当時は長女の末希がもう高校2年生の後半で、東京の大学に行くと決めていました。

年まで社大党委員長を務め、現在は顧問、糸数慶子の後援会共同代表。元衆議の瑞慶覧長敏は長男。

15島袋宗康
　1926年生まれ。真和志村役場職員を経て政治の世界へ。社大党の一員として「革新共闘」の流れをつくった立役者。1969年に那覇市議に初当選（4期）。81年県議選に初当選（2期）。89年から15年間沖縄社会大衆党の委員長を務めた。92年参議院選挙に当選（2期）、2004年後継の糸数慶子が参院選に初当選し勇退。

16金城睦
　1937年生まれ。弁護士。1956年国費留学で東大法学部に入学。司法研修所終了後弁護士登録。69年に金城共同法律事務所を開設。教科書訴訟（家永裁大学に行かせるための費用をコツコツ貯めていたから、それしかお金もないし、サラリーマンの家庭で選挙に出るなんて、とんでもないと即座に断ったんですね。

そしたら、大丈夫だと社大党が言っているし、私は、平和ガイドを養成するために若いガイドさんたちと一緒に勉強して、それを県民に広げていこうとずっと考えていたので、むしろ県議会に行った方がそのことも早くなる、ちょうど大田知事だし、私の夢を県議会の中で訴えて、それが受け入れられたら、「あなたがやろうとしていることの近道だよ」と言われて、結果的には、そうかなぁということになったんです。

でも、いちばん背中を押してくれたのは長女の未希でした。夫は仕事を終えて帰ってきて、私に、「選挙はなぜNOと言うのか」と問いただすんですよ。私は3人の子育てをしながら、専門学校2カ所、大学1カ所、バス会社という4つの勤務をこなしてきたんですが、バス会社を辞めて専門学校と大学で教えながら、ガイドを養成する専門学校を作りたいと夫にもずっと言ってきているのに、「どうしてその邪魔をするの? 議員になるということはそれを中断することなんでしょう?」そんな話を夜中にやるから、娘が起きてきて、「どうしたの? 毎日、お父さんとお母さんで言い合いしてるのは何なの?」と聞くので、夫が系統立てて説明したんですよ。

そうしたら未希が言うには、「お母さん。お母さんがやりたいことを、県議会という場を通してやれるんだったらいいんじゃない?」と。「あなた方の食事の面倒とか学校に送ったりするのはどうするのよ」と言ったら、「いいよ、自分が協力するから」という話になって、未希が高校生、二女が中学生、三女が小学校3年生という中で決意した

判)、軍用地違憲訴訟、那覇市情報公開訴訟や、米軍基地関係事件など弁護士として活躍する一方で、沖縄県憲法普及協議会の会長や、一坪反戦地主会、沖縄平和市民連絡会など市民運動の共同代表を務めた。

17高里鈴代

1940年生まれ。東京都婦人相談センター電話相談員、那覇市婦人相談員を務め、女性への暴力や売買春問題にとりくむ。85年に女性たちの活動をネットワーク化する「うないフェスティバル」の実行委員会座長に。女性の権利確立や国際連帯活動をすすめ、89年那覇市議に初当選(無所属、3期)。95年の米兵による少女暴行事件には、糸数慶子と共に共同代表をつとめる「基地・軍隊をゆるさない行動する女たちの会」でいち早く抗議の声を

んです。

それで、女性たちに話を持っていったら、高里《たかざと》鈴代さん（注17）や崎山律子さん（注18）たちも、女性を県議に送りたいと思っていたのにそれができない状況がある、でも社大党が後押ししてくれるんだったら、いいんじゃないの、ということになって、それから選挙運動ですよ。91年の9～10月くらいから話が出て、決意したのがぎりぎり12月28日でした。それからがたいへんでした。社大党、女性たち、教え子たちの支援があり、92年の7月に当選しました。

✣違法ポスター追放と生活者・女性の視点

たかし：僕はもう、勝てるという読みしかしていなかった。あなたなら勝てると。短期間だったけど、やれるという自信がありました。平和ガイドという運動が理解されれば支持者も増えるだろうと。こんな運動はこれまでなかったし、運動が広がって行くさなかだったから、いいタイミングだった。新聞にもけっこう紹介されたりしていたので、知名度がまったくないわけではなかったし、それ以前にテレビにも出ていた。

けいこ：RBC（琉球放送）で2年間、報道番組に週1回出ていたんですよ。またコマーシャルにも出ていたので、知っている人は結構いたんです。平和ガイドをやる中で政治をめざしたわけでは全然ない。政治は結果的には後から付いてきたことなんですが、考えてみると、教え子たちがいっぱいいるわけじゃないですか、バス会社に。大学にも、専門学校にも。やっていることはずっと一つのことで、沖縄戦を通して、どうやって住

あげ、基地問題に女性の視点を加えた。2004年那覇市長選に出馬。強姦救援センター沖縄（REICO）を設立。沖縄平和市民連絡会共同代表。

18崎山律子
　1950年生まれ、フリージャーナリスト。RBC琉球放送で「社会派美人アナウンサー」と人気を博し、沖縄有線テレビを経て現在フリーランスで各種イベント、シンポジウム等の企画や司会を務める。沖縄の伝統芸能・文化に造詣が深く、環境・平和・人権運動に取り組む。

民が巻き込まれて犠牲になっていくかという立場で沖縄戦を語ってきた。そういう中から、本人は全然意識していないけれども、県民にはけっこう知られていたということだったんでしょうね。フタを開けてみたら那覇市で2位当選でした。

その時にこだわったのが、違法ポスターを貼らないということでした。あのころ、沖縄は街頭にベタベタとポスターを貼って選挙するじゃないですか。バスガイドをしているときに、この違法ポスターを見たお客さんが、どうして沖縄はこんなに街頭にポスターを貼ってあるの？　と言われた。那覇市に聞いてみたら、これを剥がすのに、なんと3千万円かかるんですよ、と。私たちの税金がこんなことに消えていくなんておかしいと思って、自分の選挙の時には、違法ポスターを貼らないことにこだわった。それで、違法ポスターを1枚も貼らずに選挙をしたんです。

たかし：これが効果があったんだよね。

けいこ：大きな共感をいただいた。社大党の中では、ポスターを貼らずに選挙ができるかと、すごく怒られたんですよ、男性議員から。でも、私はこのスタイルでさせていただきたいと説得して、それで那覇市で2位当選した。以来3期、県議を続けたことで、私の人生の大きな転機になったんです。

たかし：私が所属するマスコミ労協が丸抱えしたので、アナウンサーとか新聞記者とかみんないるわけですよ。こういう人たちが仕事とは別に選挙運動を徹底的にやってくれた。それから真喜志好一《まきしよしかず》さん（注19）や宮里千里《せんり》さん（注20）たちがインパクトのある演出をしてくれたり。

19真喜志好一
　1943年生まれ。建築家。沖縄環境ネットワーク共同代表、沖縄平和市民連絡会共同代表、沖縄ジュゴン環境アセスメント監視団、ジュゴン訴訟原告。主な建築に沖縄キリスト教学院大学（1991年日本建築学会賞）、佐喜眞美術館、シュガーホール、壺屋焼物博物館、沖縄大学など。

けいこ：できるだけカネをかけずに智恵をしぼって楽しくやりましょう、という選挙でしたから。

たかし：那覇市民会館を2階まで埋め尽くして決起集会したこともあります。仲間たちにはとても助けられた。

僕は比較的に新しいタイプだと思うんですが、料理とか洗濯とか、家事というのはあまり苦にならない。もともと結婚したときから、時間の空いている人がやればいいという考え方です。

子どもといる時間は僕の方が長いんですよ。彼女はバスに乗ったら、宿泊する場合もあるし、僕の方は昼勤、夜勤あるけど、夜勤だったら昼中、子どもを見ることができる、友だちみたいに。そういう分業をやってきているから、負担は感じなかったし、妻が政治家になっても、そういう支えはできると思いました。子どもたちが小さいときから、弁当を作るとか風呂に入れるとか平気だった。とにかく彼女は忙しかったんだから。

けいこ：今、考えてみると、よくこういう生活ができたなぁと思うんですけど、私たち夫婦の中での決まりみたいなものは、子どもたちを毎朝6時に起こしてきちんと食事をさせる、健康のために、できるだけ手作りのものを食べさせる、そして夜は早く寝かせ、睡眠をしっかり取らせるという、早寝・早起き・朝ご飯、この3つは守りましょうと。夫は料理もとても上手なんですよ。おかげで子どもたちは健康ですし、長女は小学校から高校まで皆勤賞をもらいました。

勉強のことはあまりとやかく言わなかったんですが、娘たちは3人とも高校時代に英

20宮里千里
　1950年生まれ、那覇市役所職員を務める傍ら、沖縄の民俗祭祀を録音記録してきた。地域おこしやエッセイストとして活躍。

検二級を取って、アメリカ留学しました。

毎朝、首里《しゅり》の自宅から出て、7時には泊《とまり》の実家に着いて、そこからみんな学校、幼稚園、保育園に行くんですね。そして仕事が終わったらまたみんな実家に集合して、そこから自宅に帰るという、それを何十年もやってきた。夫が家事・育児に協力してくれたから、私が3つも4つも重ねて仕事ができたと思うんですね。

たかし：僕は県政担当の記者もしていたので、県議会を見ていると、男社会だから、夜、飲んだりとか、つき合いばかりが多いんですよね。それと不勉強。僕が、彼女のことを偉いと思うのは、朝8時にはすでに議会に行っているんですよ。それまでの県議会は、議会の開会日以外はほとんど県議はいないし、開会日にも10時開会のぎりぎりにしか行かないように見えた。

政治記者としてそういうのを見ているから、そういう人たちで沖縄県が運営されるのか、議員というのはこういうものかという疑問がありました。もちろんまじめな人たちもいますが、やはり女性の視点で政治を変えていかないと、男性中心の政治というのはいろいろと弊害がある。行政との馴れ合いとか業者との馴れ合いとか、そういうのを考えると、女性のクリーンさというか、それが必要だなぁと。今こそ、彼女のようなタイプが議員になるべきだと思っていました。もちろん覚悟はしましたよ。

けいこ：私も、生活者の視点で政治を見ていかないとダメだなぁと、ずっと思っていました。ひところよく「9時5時議員」と言われましたけど、やっていく中で、昼間で充分やれると感じましたし、また、そうでなければいけないと思います。

例えば、お酒が飲めないなんて……、というようなことを言われてショックを受けたりしたんですが、お酒を飲めなくても議員はやれるし、夜の会合をしなくてもやれる。必要な時にはもちろん行きますけれども、それ以外のことで「政治は夜決められる」なんて、とんでもないと思います。やはり女性議員が増えていかないと変わらないと感じたんです。男性議員には申し訳ないですけどね。

男性議員ももちろん必要だけど、あまりにも男性だけの社会になりすぎている。それが当然みたいなことを言う人もいますが、そうじゃないということを、やりながら感じました。議場を見渡しても女性は1人しかいないという時代もあったので、それはおかしいと思った。今やっと女性議員が増えつつありますが、それでもまだ二桁にはなっていないのが県議会の現状です。

たかし：僕の理想というかイメージは上江洲《うえず》トシ先生（注21）なんです。平和運動を一生懸命やっているトシ先生の姿をずっと見ているから。同じ久米島出身ということもあって、親しくつきあっていただきました。

けいこ：上江洲先生は、「あなたは私の後継者だよ」というのと同時に、自分が議員になってやった最初の仕事が偶然にも、刑特法の国会陳情だったと、ずーっと言い続けてくださっていました。夫が久米島の出身ということもあるんですけど、私の鑑《かがみ》です。言い古されていることかもしれませんが、市川房枝先生のように、無所属で、しかも政治に対する強い信念を持ち、清潔で、率先して女性運動の先頭に立ちながら頑張っていらっしゃるというのは、大きな憧れだったし、また、そこに少しでも近付きたいなぁと

21上江洲トシ
1913年生まれ。沖縄県女子師範学校専攻科卒業後、小学校教員に。沖縄戦時、久米島で日本軍守備隊による住民虐殺を目撃する。皇民化教育を行ってきた自らを厳しく責め、反戦・平和運動の先頭に立つ。40年におよぶ教員生活を経て、女性初の沖縄県議会議員に（2期8年）。女性の地位向上に尽力した。2010年死去。

いうのが、当初から現在も全然変わらない心境ですね。

たかし：トシ先生の自宅を訪ねたら、必ず言われるのは、自分の経験もあるんでしょう、「夫の理解がないとできないよ。きちんと支えてあげるんだよ」と。

けいこ：私よりむしろあなたにすごくエールを送っていただいて、一緒にあちこちよく連れていっていただいたよね。

たかし：裁判闘争もずっと支えていただいた。

けいこ：でもほんと、たいへんでしたよ。当選した後、「子どもたちはどうしているんですか？」「食事は？」とか、いろんな質問を受けるから、私は「夫が協力してくれるから、かくかくしかじか」と答えるんですが、終わったら、高齢の方が飛んできて、「そんなことをこんな場所で言っちゃダメ！」と言われて、びっくりしました。

わが家はこんな状態ですよ、と言っているだけなんですが、92年に最初に当選したころは、そういうことを言うこと自体がタブー視されて、とくに懇談会なんかに行くと、こんなことは話さないでと、終わってからも呼びつけられて怒られるような状態でした。今はだいぶ状況も変わりましたね。

たかし：選挙になると、相手候補は男でしょう。男の人の奥さんには、「今日は何を作ってあげましたか」とか聞くでしょう。僕にも同じように聞きなさいと、僕は言ったんですよ。そうでしょう。それで僕が「野菜スープ」と言ったら、野菜スープがわが社で流行ってね……（笑）。だから、考え方を変えなきゃいけないんだ。食事を作って家事をして、内助の功というかな。

けいこ：お互いに支え合っていくということは、私たちの時代からは普通になってきましたけど、時代が変わると変わっていくんだなぁと思う。今はそんな質問をする人はいないですね。

今は淡々と言ってますけど、隆さんも本当はたいへんだったと思いますよ。自分の仕事もしながらですからね。新聞社という時間に追われる仕事の中で、よく、ここまで支えてもらっているなぁと感謝しています。

子どもたちもよく協力してくれましたね。その上にまた、周りの賛同してくださる方々の支えがあってありがたいし、選挙なんて一人でやれるもんじゃないですから、それがずっと続いているわけで、去年、この道20年になりました。

たかし：本当にみなさんのおかげです。これだけの票を取れるというのはたいへんなことです。相当の人たちが動いてくれている。

けいこ：それに報いるためにも、後に続く女性を育てていくことが大きな課題です。

✤2006年県知事選の顛末

――慶子さんにとっていちばんたいへんだったのが2006年の県知事選への出馬だったと思います。私自身、辺野古基地問題の現場にいる者として、これを解決できるのは慶子さん以外にいないと考えてお願いに行った一人なので、たいへんなご苦労をかけたことを申し訳なく思っています。出馬に至る経過などを、裏話も含めて可能な限り、お話しいただけませんか。

けいこ：県知事選に出るなんて夢にも思っていなくて、たまたま前年末の新聞に下馬評として名前が出たときには笑っていたんですよ。これが現実味を帯びてきたのは8月ごろです。

そのころ、私たち夫婦は、静岡に嫁いでいた二女が出産間際で、それが逆子になっているからたいへんだ、来てくれと言われて、一緒に静岡に行っていたんですよ。そこへ地元から電話がかかってきて、候補者が統一できない、決まらないと、やいのやいの言ってきた。それでも私は出る意思はないし、夫も同じでしたので、聞き流していたんですが、あんまりしつこく来るので、逆に、以前から調査したいと思っていた北海道に行くことにしました。

北海道で、ノーザン・ホースパークという、世界的にも有名なディープインパクトという馬を育てた会社の社長に会いました。そこでは馬を育てて、それを競売にかけていく。1日の取引に何億というカネが流れる。沖縄で基地に頼らない経済というのをあちこち探している中で、そこも視察に行こうということで行ったんです。そこへもしょっちゅう電話がかかってくるんですよ。

それで、逃げて、逃げて、逃げて、帰ってきたら、まだ決まっていないということで捕まってしまった。

夫は、絶対ダメだよ、と言っていました。私たちの選挙は、カネをかけずに時間をかけて、ゆっくり県民に思いを伝えることをずっとやってきたから、一度も落選なく来たんですね。そのためには準備があるし、県民のニーズをきちっと把握して、政策を作る

22下地幹郎
1961年生まれ。96年自民党公認で衆議院に初当選。2005年、地域政党「そうぞう」をたちあげる。衆議院議員を4期務め、うち4期目は国民新党所属、野田第三次改造内閣で郵政民営化担当大臣兼内閣府特命大臣（防災）に就任するも、12年暮れの衆院総選挙

わけです。しかしこの知事選は、投票日まであと2カ月という状況の中で、絶対に勝てる選挙ではない。しかも、名前が上がっている山内徳信先生（88ページ参照）と下地《しもじ》幹《みき》郎《お》さん（注22）の中になぜ私が入っていかなければならないのか。彼も「ダメだ」「ダメだ」「とんでもないよ。絶対引き受けるなよ」とずっと言い続けていました。

ところが私はその間に、現役の参議院議員だから、国会のため東京に行ったりするじゃないですか。そしたら、ある新聞記者から「慶子さん、自分の立ち位置だけ確保すればいいんですか？　あなたはあと4年残っている参議院議員を全うすればいいんですか？　今、基地問題で揺れているこの沖縄を、そこに飛び込んで県民のために闘っていくという姿勢はないんですか？」とさんざん言われて、自分だけがぬくぬくとそこに留まっていていいのかなぁと思い始めたんですよ。それに県職労のみなさんは、私が那覇に帰る週末ごとに説得に来る。

沖縄の政治の流れを変えていくためには、出て欲しいという人たちの期待に応えるにはどうしたらいいのか、自分の安全な場所だけを確保すればいいのかと、精神的に追いつめられていくと同時に、一言では言えない、どろどろした状況の中にどんどん引きずり込まれていった。

そして、忘れもしない9月13日、社大党が、党内の候補として決めるからな、と委員長（注23）が言った時には、驚いて声も出ないほどでした。その前日までは、社大党は伊波洋一さん（注24）を出しましょうという話になっていたのに、いきなりひっくり返ったんですから。これから執行委員会があるからと市内のレストランに呼ばれたんで

で落選。その後国民新党を離党。

23委員長
このときの社大党委員長は喜納昌春県議。

24伊波洋一
1953年生まれ。琉球大学卒業後、宜野湾市職員を経て96年沖縄県議会議員に（2期）。03年宜野湾市長に当選。普天間基地を抱える自治体の首長として、辺野古新基地建設に反対し、普天間の閉鎖と在沖海兵隊の国外移転を求め、訪米要請行動を行う。
2010年県知事選に出馬、現職の仲井眞弘多知事は「普天間の県内移設やむなし」から「県外移設」に政策を転換せざるをえなくなった。4万票差で惜敗。現在、全国に招かれて沖縄問題を講演し政策提言を続けている。

すが、動転して気持ちの準備もできていない。

今まで伊波洋一さんで来ているから、それしか頭の中にないのに、どういう顔で執行委員会の席に出ていけばいいんだろうと、もう、頭の中は真っ白なんですよ。行ったらいきなり委員長が、「社大党は今度の知事選挙に糸数慶子さんを出します」と宣言した。

そこから苦悩が始まったんです。夫は「受けるな」と言っているし、私は追いつめられていくし、その葛藤の中で、彼は「君とは離婚するからな」というところまで行って、もう家族はめちゃくちゃ。家に帰ったら、夫は酒を飲んで荒れているので帰れないし、子どもたちは泣き叫びながら「お母さん、やめて、やめて！」と言う。「１００％出ないと言ったじゃない！」というのが娘たちの思いでした。

私は頭を抱えて自分の事務所に行って、後援会長も政策秘書も呼んで、「私はどうすればいいんですか」と相談した。池宮城紀夫先生からは「基地問題も抱えて、こんなたいへんな状態で、自分の夫も説得できないようなら、君は県民を説得できないよ。もう一度家に帰って夫を説得しなさい」と言われて、また家に戻る。でも、家に帰ったら、またこんな状態。そういうことを何回も繰り返しながら、結果的には決意をして、受けて立つということになったわけです。

——そんなにたいへんな状況だったとは知りませんでした。隆さんは慶子さんを支えるために退職までして背水の陣を敷いたと聞きましたし、県知事選のポスターは、隆さんとの素敵な写真でしたよね。

けいこ：そうやって家族もたいへんな状況に陥ったんですが、これはもう避けて通れないということがわかったから、夫は私に相談もせずに「会社に辞表を出してきたから な」と言ったんですよ。これにはもうびっくりでした。私は泣きました。こんなに苦労させて……と。結局は、政治の世界に最初に私を引っ張ったのは隆さんですし、そういう状況に追い込まれたら、「君一人、闘わせるわけにはいかないから、僕は背水の陣を敷いて一緒に闘う」ということで、役員の引き留めるのも聞かず、しばらくは総務に移れと言われたのも聞かずに辞職した。そういうふうに決意して、引き受けたんですよ。

この選挙はどうなるかわからないという状況でしたし、今まで私たちが闘ってきた選挙とは違うタイプの選挙だから、必ずしも勝利するとは言えない選挙でしたけど、とにかくこの2カ月間、めいっぱい一緒に頑張っていくという彼の決意には、本当に心を打たれました。

たかし：僕が反対したのは、行政と立法府＝議員とは違うわけで、新聞記者として行政のたいへんさというのを見てきているからです。追及する側の議員はいいけど、追及される側の行政の長はたいへんなんですよ。それと、期間がない。これは負け戦だと思った。これはどんなにしても勝てない。相手候補（注25）は企業動員をすでにやってきていて、もう2周くらいしている。まだ僕らは立ち上がるかどうかだったんですから。

けいこ：マラソンで例えると、向こうはゴールを目の前にしているのに、こちらは今からスタートするのかというところにいる。

25相手候補　仲井眞弘多現沖縄県知事。1939年生まれ。通産省、沖縄総合事務局を経て87年沖縄電力理事に就任。90年大田県政の副知事に。退任後は沖縄電力社長、会長を歴任。06年の知事選挙に自民・公明の推薦を受けて出馬し当選。

✣立候補を決意させた辺野古の座り込み

たかし：担当記者から聞かれるわけですよ。「隆さん、（立候補は）ないでしょうね。あるなら言ってくれないと、隆さんがいるのに、まさか他紙に抜かれたらどうするんですか」と（笑）。「いや、そんなことはないよ。出ない」と言っていたけど、あまりにもいろんな人たちから出て欲しいという要請があって、最終的には僕は10月1日付の辞令で、定年を2年余り残して退職したんですね。

それを決めたのは、辺野古の座り込み（注26）を終わらそう、勝って終わらそうという思いからなんですよ。あんな辛い座り込みをおじぃおばぁたちにいつまでもやらせるわけにはいかない。勝てるんだったらこの闘いは終わるというのがあって、よし、やってみようという気持ちになった。それなんですよ。あそこを見ているから。

けいこ：毎年お正月に、おじぃおばぁも一緒に辺野古の海岸でウガン（御願）しながら、この基地問題を早く解決しようと誓い合っています。

極めて個人的なことで、今考えると恥ずかしくもあるんですけど、実は私は当時、早稲田大学の大学院に行く準備をしている最中でした。沖縄の観光や政治に関わる中で、それらを体系的に学びたいという強い思いがあって、あと一歩で実現するというところまで行っていたので、これをゼロにするというのはとても辛かった。

でも、記者たちや東京在住の県人の方々に、沖縄の問題を放っておいていいのか、「沖縄を変えるという気概はないんですか？」と突きつけられて、辛い選択をせざるを

---

26 辺野古の座り込み
２００４年4月、政府は新基地建設予定地のボーリング調査を強行しようと辺野古漁港に資材を運びこもうとしたが、建設に反対する住民と抗議団に囲まれて断念。住民たちは資材置き場のフェンス前に座り込み、作業の強行をやめさせる行動を続けた。テント村の設置、海上での非暴力直接行動へと繋がって、座り込みはいま現在も続けられている。

えないというのは政治の場に身を置く者としてあることだろうと、決断をしたんです。

受けるまでにはうんと苦悩したんですが、記者たちは毎日、家の前にいるわけですよ、「出るんですか、出ないんですか」と。本当にかわいそうになるくらいでしたけど、居留守を使ったり、どこかに逃げたり……。だってまだ決断もしていないわけだから。夫が記者をしているからとても辛かったんだけど、答えようもない。そんな中でとうとう決断したという状況でした。

――私たちも最初は山内さんということだったんだけど、下地さんが出てきてまとまらない。慶子さんでないとまとまらないということになって、お願いに来たんですけど……。

たかし：それがいちばんきつかった。
けいこ：この20年の中でいちばんきつかったのは、このことでしたね。
たかし：ほんとに僕は、さっき言ったように、離婚しようかと思うくらいだった。僕の言うことを聞いてくれないのかと……。
けいこ：ほんとにたいへんでしたよ。同じ屋根の下にいて、心が通わなければ離婚するしかないと、彼は準備してくるし、子どもたちは2人の間に立って「お願い。お父さんもお母さんももっと冷静になって」と必死で言っているけど、しまいには娘たちも泣き出す。私は1週間くらいで体重が3キロ減っちゃって、毎日フラフラしながら、どうなるのだろうという状況の中での決断でした。
家族もたいへんでしたけど、親戚まで含めてみんなが「やめなさい」「やめなさい」

と来ていた。もうこの崖っぷちに来て決断するしかないと思ったあとは、ひたすら走りましたけど、でも時間がなかったですね。いつもだったら離島も全部回るのに、回れないんですよ。久米島、与那国のおじぃおばぁにも叱られたし、北部の大会にも行けなかった。

――あのときは未希ちゃんが本当に頑張って、感動しました。「母の代理」として北部中を走り回っていましたね。

けいこ：生まれて間もない子どもを娘の夫の親や姉たちに預けて、飛び回って……。ほんとにあのときには苦労かけました。

92年に県議でスタートして、まさかこういう状況が来るとは、予想もしませんでした。振り返ってみると、たいへんでしたけど、そのおかげでいろんな人たちに出会って、いろいろなことを学ばせていただきました。政治の流れを変えたいというみなさんの思いに応えられずに、本当に申し訳なかったんですけど……。

東京あたりでも、闘いは僅差ではあるけどなんとか切り抜けていけるんじゃないかという見方もあったようですが……。

たかし：裏話になるけど、出口調査では勝っていたんですよ。期日前投票でやられている。期日前が7：3くらいだったといいますから。新聞記者に聞いたら、企業動員されてダメだと言っていた。しかし出口調査で勝っているから、あれだけの票差が出ているけど、ぎりぎりまで相手方の「当確」を打ちきれないわけですよ。どこかに、こっちが勝っているんじゃないかという期待もあって……。

けいこ：運動量は全然違っていた。

たかし：企業動員で58号線を埋め尽くしたり、あんな運動をされるとね……。

――すさまじかったですよね。

たかし：企業に行って、社員を全部、行ったか行かないかとチェックするし、沖縄電力は丸抱えだった。

けいこ：向こうの選挙責任者も、こんな選挙は二度とできないでしょう、と言ったというような選挙でした。あれぐらいやったら10万票は差が付いて当然だと相手陣営の方々は思ったと聞いています。ですから、3万余の票差というのはかなり追い上げたと思います。

たかし：相手も、企業のみなさんも、負けたんじゃないかと思ったみたいですよ。

けいこ：ほんとにたいへんな選挙でした。

――私たちも何回も那覇に通いました。

たかし：身内としてでなく引いて考えると、彼女しかいなかったと思います。参議院選挙（注27）の勝ちっぷりもすごかったしね。一期目の選挙であれだけ取れたのは前代未聞だと思います。

けいこ：最初、翁長《おなが》政俊さんとは9万票差くらい、その次の西銘《にしめ》順志郎さんとは12万票差でした。

たかし：開票する前から8時と同時に当確。そんなイメージがあるから期待はよく理解できます。そこに行かざるを得ない県内の政治情勢があったことも。

27参議院選挙
　辺野古のボーリング調査阻止座り込みが始まって3カ月が経った2004年7月の参議院選挙では、島袋宗康の後継として出馬し31万6148票と6割近い得票率で圧勝、「平和の一議席」を堅持した。
　知事選後の07年7月参議院選挙は、自民党安倍内閣が抱える年金問題や後期高齢者医療制度に加え、歴史教科書検定問題（高校教科書から沖縄戦「集団自決（強制集団死）」の軍命を削除）があり、相手候補に13万票近く差をつける全県選挙で最大の37万6460票を獲得した。

――でも当事者はたいへんですよね。

たかし：とんでもないですよ（笑）。

✣政治の転換点と沖縄

けいこ：今考えると、そういうこともあったね〜ということかもしれませんが、でも、あれ以来、基地問題はもっともっとたいへんな状況に追い込まれてきたので、そういう意味では悔しいですよね。

仲井眞知事も県民の立場に立たざるを得ないから、普天間基地の県内移設はないということを言い切っていますし、知事としての要職にある人は県民の立場で日本政府ともアメリカ政府とも闘っていかなきゃならないと思うんですが、でもやはり、自民党政権でも民主党政権でもどんなに政権が変わっても、沖縄を犠牲にするという立場は変わらない。

今、県民は政治の転換点に立たされています。県民が本当に一つになって、基地をなくしていくんだという覚悟を持って闘っていかないと、またこれからも同じように、基地とリンクするような政府の経済政策とか、手を変え品を変え、沖縄を封じ込めていく方向でしかないと思うんです。オスプレイも女性に対する性暴力事件も、これだけ犠牲を払ってもこのことを、総理大臣がアメリカ政府と向き合って覚悟を持って交渉していくという姿勢を今だに見せてくれていない。経済という観点から見ると独立は難しいかもしれないけれども、精神的には琉球という形で独立するしかないんじゃないかなと、そんな気持ちですね。

どこに復帰したんだろうと思いますよ。沖縄県民は日本国民じゃないと思っているでしょう。森本防衛大臣は、米兵による性暴力事件を「事故」としか言わないもの。事件とは思っていない。オスプレイも、山口（岩国）に駐機している間は「ご迷惑をおかけしました」と言うのに、沖縄に持ってきてどんどん飛ばす。許せないですよ。

県民大会（注28）に集まった10万1千人の思い、あるいは全41市町村の首長の全員が、また県議会が超党派でこれだけの決議をしてもなおかつ無視するというのは、民主主義が日本では主権国家としてちゃんと動いていないということです。だから、政治を変えていこうという県民の意識はますます高まっていくでしょうし、そういう意味で、私が託された「平和の一議席」は本当に大事な一議席だなぁと思いますね。

——大田昌秀元知事もおっしゃっていますが、県民がこれだけまとまっていても、国会に出て行ったら少数派ですから、そのへんがもどかしいですよね。

けいこ：そうです。思いが届かないんですよ。国民自体の意識を変えない限り、沖縄の問題は解決しない。国民が選出した議員が国会の中で審議して法律を作って行くわけですが、地位協定の改定すら、ずーっと言い続けて来ているにもかかわらず変わらないですよね。ということは、それを許す国民がいるわけです。相変わらず沖縄県はマイノリティで、マジョリティにはならない。国会の中でも存在は小さいですけど、だからと言ってあきらめたら終わりですから、変えるんだという気概を持って次の世代にバトンタッチしていかなければならないと思います。

28県民大会

２０１２年９月９日、宜野湾海浜公園で開催された「オスプレイ配備に反対する県民大会」。県議会全会派、全自治体の首長と議会をはじめ商工会連合会、医師会、婦人連合会など22団体で構成する実行委員会が主催し、10万1千人が参加（主催者発表）。日米両政府に「オスプレイ配備計画を直ちに撤回し、同時に米軍普天間基地を閉鎖・撤去するよう強く求める」と決議した。

今、国会の前に、原発に反対する人たちが、企業動員や労組の動員でもなく、誰に言われたわけでもなく、あれだけたくさん集まってくるわけですから、そういう思いは必ず沖縄の基地問題にもつながっていくと思います。私はあきらめていません。

むしろ沖縄から日本の政治を変えていくんだという気概を持っていかなければ、68年前にあれだけの県民が犠牲になって、その中で基地が造られていったわけですから、あきらめたら、亡くなった方々に対しても申し訳ないですよ。沖縄戦があった沖縄であればこそ、私は、平和ガイドという原点に立ち返って、もう一度、国会の中で訴えていくべきだと、逆に思いを新たに闘志をかきたてられています。

それは私の母の戦争体験にもつながっていくんですが、私は母親として3人の娘を産みましたし、また娘たちが5人の孫を産み育てています。その孫の世代まで同じ状態をひきずっているわけですから、孫たちが成人して静かな生活が送れるようにしていくために、今の私たちには責任がある。まして政治の現場にいる者としては、沖縄の基地負担という負の遺産を引き継がせるわけにいかないんです。

未来に希望を託すという意味で長女の名前は「未希」と付けましたが、もう40代になります。しかしまだ、あいかわらず基地問題で闘うという状態を引きずっている。政治の貧困というか、私たちは平和憲法の下に復帰したいと望んで復帰したのに、あいかわらず復帰前と同じ問題を抱えているのは許せないですよね。ですから、これからも運動を展開して、仲間たちを増やしながら、次の世代に、とりわけ女性の視点から政治ができる人にバトンをつなぎたいと思っています。それが夫の思いに応えることにもなる。

---

29 野嵩ゲート
普天間基地のゲートのうち、普天間宮や市役所側にある第3ゲート。滑走路の延長線上、クリアゾーンに含まれる。県民総意の「オスプレイ配備反対」にもかかわらず配備が強行された

実は、夫の期待に応えるということが、私が政治の道に入っていくきっかけだったんですけど……。

たかし：巡り合わせというか、僕が捕まったのも、地位協定なんですよね。地位協定の中の刑事特別法。結局その問題が……。

けいこ：今も解決されていない。あれだけ県民運動をして頑張った刑特法裁判、喜瀬武原闘争の時と、私たちはまだ同じような状況にいる。今、普天間基地の野嵩《のだけ》ゲート（注29）で海勢頭豊さんが「喜瀬武原」を歌っていますが、あの時と何も変わっていないということです。

あの歌自体が決して古くなっていない。この歌はもうお蔵入りね、と言われたいですよ。それがまだ通用するでしょう。「一坪たりとも渡すまい」（注30）もそうですよね。今もあの歌が歌われなければならないというのはとてもおかしな話です。「沖縄を返せ」も「沖縄に返せ」と歌っているような状態ですから、それは許せないし、許しちゃいけないと思っています。辛いところではあるんですけど、私たち夫婦からすれば、運動の原点に戻って、あの喜瀬武原闘争のことを考えながら、今の闘争を展開していかなければならないし、今がそのチャンスだと思うんですよ。

今、県議会のみなさんや「9・9実行委員会」のみなさんも、改めて国会に押しかけていこうとしているんですが、これは95年の少女の事件も一緒でしたよね。何百人も国会に行きました。でも変わらない。だったら何百人がアメリカの国会に行くべきかなと思います。

10月1日以降、ゲート前では市民の抗議行動が半年にわたって継続している。

30 一坪たりとも渡すまい　作詞・作曲：沖縄青年合唱団／佐久川末子／昆布土地を守る会／第4次日本のうたごえ代表団。

1966年、具志川村昆布に米軍が天願桟橋の軍物資集積所拡充のために新規の土地接収（6万7千平方メートル）を計画。住民は契約を拒否し、闘争小屋を建てて座り込みを開始。71年に米軍は計画を撤回した。本歌の成立は68年。

昆布は東海岸だが、歌詞に「東シナ海前にして」とあるのは、伊江島で詩が創られたため。「黒い殺人機」は、当時嘉手納基地からベトナムに出撃するB52を指す。2012年9月30日の普天間飛行場ゲート封鎖闘争でも繰り返し歌われた。

たかし：でも、そうしたらアメリカは日本国内の問題だと言うんだよね。

けいこ：おそらく知事もそう言われて帰ってくるでしょう。だから、同時に行かないといけない。でも、国内問題と言っても生の声が政治の現場になかなか伝わらないじゃないですか。日本政府は地位協定の改正すら米国との交渉の俎上に載せないんだから。だから、沖縄からこんなにたくさん来ているよ、という状態を世界のメディアに訴えていって、せめて地位協定の改定というところから風穴をあけていかなければならないと思います。

夫の闘争から始まって、私が県議会から国会に行く状況になったんですけど、スタートした時から何も変わっていないのが悔しいし、辛い。でも闘って行かなくてはならないと思っています。

✣あとに続く人たちのために

——最後に、まだまだ女性の政治への進出が少ないんですが、その辺で、あとに続く人たちに何かアドバイスがあれば。

けいこ：私が県議としてスタートした時とはだいぶ時代も変わりましたし、例えば男性の育児参加も、まだまだ充分とは言えませんがかなり理解されています。だから、テーマを持って活動している女性たちがちゃんと政治の現場で頑張れるように応援していきたいと思っています。

私は今、「沖縄子どもを守る女性ネットワーク」というネットワークを作って頑張っています。今朝の『沖縄タイムス』にも載っていますが、昨日（12年10月24日）、そのメンバーたちが国会の前で、オスプレイの問題と女性に対する性暴力の問題を野田総理に訴えました。しかし現実の政治の世界は、先進国の中でも日本の国会は女性議員が圧倒的に少ないんですね。それを県議会や市町村の議会にしっかりと下ろしていって、沖縄の各市町村議会で必ず地域から1人は女性議員を出していこうという運動を展開しています。女性議員のいない地域をリストアップして、そこの首長にも働きかけていく。

例えば子育ての面でも、一括交付金（注31）の中でどれだけ沖縄県が国の政策とタイアップしながら子育てをちゃんとやれる環境を作っていけるか。そこのところを解消しない限り、「子どもの貧困」という負の連鎖を断ち切れない。子育て、そして教育現場の予算を充分に取っていくということを女性議員たちが訴えていかない限り、変わっていきません。

市町村に対する要請も出しながら、各種選挙に、女性議員をしっかり出して闘っていくという方向で動きつつあります。そういう議員たちが今15名いますので、無所属の議員たちも含めてネットワークを作りながら、その議員たちが次の議員を増やしていく。一人でいいということではなくて議会の中で仲間を増やしていくことが、とても大きな議会の改革と地域の改革にもつながっていくと思います。

私自身も、参議院・衆議院含めて女性議員を増やしたいという思いを持って活動しています。まずはクォータ制（注32）の実施です。若い方々に是非その思いを伝えたい。

たかし：モデルとしては神奈川に女性議員だけの「神奈川ネットワーク運動」という

31一括交付金
目的や省庁の部局ごとに分かれていた交付金を一括し、地方が自由な裁量で使用できるようにしたもの。民主党野田政権は、12年度の沖縄県関係予算約3000億円のうち1500億を一括交付金にした。

32クォータ制
クォータ（quota）：割り当て、分配の意。政治における男女間格差是正のために、議員や閣僚の一定枠を両性に割り当てる制度。

のがあって、資金面の応援も、カンパを含めてやっているんですよ。基金をつくらないと、一介の主婦が手を挙げて「はい、立候補します」というふうにはならないわけだから、次の世代の女性議員を育てる基金造りを早めに手がけようと思っています。

次回の参議院選挙がまもなくあるので、それが整理が着いたら、次の世代の女性議員を増やすための基金造りをしなければならない。それと応援団ですね。みんなそろってその地域に応援に行くんです。それを持ち回りでやれば、必ず増えると思います。いきなり議員になります、ということでは運動は広がらない。

けいこ：普段の活動の中から女性たちをスカウトしながら教育していくということも大事ですね。そういう人たちを現場に仲間として連れて行って、学習する。神奈川ネットワーク運動は、資金的支援も人的支援もあるし、運動の広がりもあって、すごくうまくいっているんですよ。実は県議会のころから、そことも連携を取りながら、向こうから人を呼んだり、また要請があったら講演に行ったりしているんですが、それと似たような活動を、沖縄で改めて展開していこうとしています。

――私たちも女性議員を出したいと思いながら、なかなかできないでいるんですが……。

けいこ：それには家族の理解が必要ですしね。

――それと、今の選挙は女性が出やすい仕組みになっていないですよね。

たかし：組織戦ですからね。政党に属さなきゃいけない、組合とか経済界とか団体に属さないといけないから、一介の主婦にはかなり厳しい。それらを含めて、どうネットワークを作って後押ししていくかということだと思います。

――人口の半分は女性なんだから、議員も半分は女性でないといけないと思うんですけどね。

けいこ：なかなかですね。私が92年に県議会に入った時は女性は1人でしたが、今は6名いるじゃないですか。それでも48名の中でたった6名ですけど、市町村の議員の中でも徐々に増えてきている。各市町村議会に女性をまず1議席ということで展開していくと同時に、今の女性議員たちもネットワークに入って勉強しましょう、女性たちの意識を変えながら議員の資質を高めていきましょう、と呼びかけています。そういう両面で育ちあっていきたいと思っています。

欧米諸国を見るとうらやましいです。とりわけフィンランドは女性が総理大臣でしょう。20名いる閣僚の中で12名が女性です（注33）。そういうところはやはり教育・福祉・環境政策が進んでいるんですよ、経済問題も。女性の視点がなぜ必要かというのは、生活と直結しているからです。利害関係の前に、今、何が国民の中で要求されているかということを察知して、それをやっていく。

そして、どこへ行っても女性議員たちは勤勉です。やると決めたらまっしぐらに進んでいくという資質は諸外国も一緒ですね。とりわけフランスは、一人親世帯でもしっかり応援していくということと、女性が子どもを産んで育てていけるように社会保障も手厚い。それで少子化が解消されています。それを考えると、やはり女性も職場進出していくべきだと思います。フランスのように女性の大統領候補も出てくるわけで（残念な

33フィンランドの女性閣僚
07年4月組閣のマッテイ・バンハネン（男性）内閣では20名中12名。10年6月のマリ・キヴィニエミ（女性）内閣は20名中11名が女性。現在は男性のユルキ・カタイネンが首相で19名中9名が女性となっている。

ら負けましたが）、そこまで行くにはまだまだ時間がかかると思いますが、沖縄でも女性議員をもっともっと増やしていく一つのきっかけになればうれしいです。

――今、若い女性の政治に対する関心はどうですか？

けいこ：けっこうありますね。フェイスブックに登場してくる女性たちもそうですし、この間、渡嘉敷島に行ったら、琉大の女子学生がものすごく政治に対する関心を持っていました。将来は教育現場に進みたいと言っていて、質問もいろいろしていました。そういう若い人たちに頑張って欲しいし、また、関心を持たせるような政治の中身にしていかなければならないと思っています。

離島の子どもたちが沖縄本島に来たり、また沖縄から本土に学ぶために出ていきますよね。その離島の苦悩を抱えている子たちが、なぜ自分たちはこんなに生活に格差があるんだろうと関心を持ち始めています。格差というのは政治の貧困だということを彼らはわかっていますから、応援してくださいと話しに来るんですよ。

離島県である沖縄ではこれも大事なことだなぁと思います。離島では、教育と医療はものすごい格差があるじゃないですか。ここに来てアルバイトしないと大学にも行けないという離島の子どもたちの苦悩を考えると、そういうことがないように政治は動かなければならない。今、そんな相談を直接若い人たちから受けていますし、実際に活動もしています。若い人たちの声を是非聞いて欲しいですね。

政治家になっていちばんよかったのは、子ども病院（101ページ参照）を造ったことです。沖縄の特殊性というのが、そこに象徴されているような気がします。沖縄も離島だけど、さらにその離島から来るでしょう。経済的な負担、精神的な負担が大きい。本土へ行かなくてもここで親子が治療できるというのは、私の県議会時代、３期12年を通して大きな成果だったなぁと思います。今でも喜ばれています。それを独立行政法人化（注34）せずに、政策医療として、県立病院としてきちっと残していくという責任を知事は持っていただきたいです。赤字だとか、効率よく、とか言っていますけどね。

——教育や医療は市場原理に任せてはいけないですよね。

けいこ：そうです。市場原理で行ったら子どもたちはどうしますか。産婦人科もなくて救急車の中で赤ちゃんを出産するような状況ですよね。それはどうしても解決していかなくてはならない。県民の生命を守る立場から県立病院として残していかなくてはならないと思います。

——隆さん、最後に何かありますか。

たかし：いちばん身近でいつも見ているから、よく頑張ってくれていると思います。これからも県民の期待に応えられるように、そして後継者を含めて女性議員を増やすためにも努力してほしいと思っています。夫婦でそういう話はいつもしているから……。

けいこ：しょっちゅう議論していますよ。わが家は議場みたいなものです（笑）。その議論の中で私が勝ち取ったものがいくつもあります。お互いにコミュニケーションを取り合わないと、わかりあえないと、やっていけないですよ。そういう意味で私はとても助かっています。

——男性議員だと、妻はどうしても「内助の功」ということになってしまいますが、

34 独立行政法人化
　沖縄県は県立病院の赤字解消、経営効率化のため地方独立行政法人化を検討、県議会や世論の批判が起こり、現時点では独立行政法人化無しでの経営改善努力が続けられている。

お二人を見ていると本当に「二人三脚」というのがぴったりですよね。

けいこ：お互いに尊重しあっていると思います。時々、私のグチのサンドバッグになったりしていますけど（笑）、でも尊敬しています。彼から示唆してもらうこと、ハッとさせられることがいっぱいあって、常に原点に立ち返ることができ、ほんとうにありがたいと思っています。

――今日はありがとうございました。

（2012年10月25日収録）

III

沖縄の果たす役割

中国・韓国・アメリカとの関係を
どう作っていくのか

〈対談〉

【元外務省・国際情報局長】
孫崎　享

【参議院議員】
糸数　慶子

本章写真：大城弘明

✣尖閣問題は日米関係に利用されている

糸数：『戦後史の正体』（注1）は孫崎さんでなければ書けなかった本で、沖縄の人々の関心を集中して書いていただいたのかな、と思うほど、私たちが知らなかった部分がたくさん出ています。大ベストセラーになっていますね。

孫崎：実は沖縄でいちばん売れているんですよ（笑）。

糸数：今度、政権が代わりまして、民主党政権から自民党政権に戻りました。それに期待する方々ももちろんいらっしゃいますが、多くの県民がとても不安に思っています。今回の衆議院選で、沖縄に自民党の議員が4人誕生したということもありまして、この政権の中で、外交上の先頭に立たされている沖縄が中国や韓国やアメリカとの関係をどう作っていくのかと考えているのですが、1月27〜28日、オール沖縄による「NO！オスプレイ東京行動」に参加する中で、日本の国民の中に中国を敵対視する方が多いなと、すごく感じました。

沖縄の全41市町村長・議会議長・県議会議員など県民を代表する約150人が、オスプレイ（注2）に対する反対決議を持って、沖縄の思いを「建白書」（注3）という形で総理大臣に伝えたいということで上京しました。1月27日に約4千人の人たちが日比谷野外音楽堂で集会をやったあと、沖縄の人も本土の人も一緒に同じ思いを持って銀座をパレードしました。沖縄の戦後、そして今置かれている基地問題を考えると、沖縄は基地を誘致したわけではないんです。国の政策の中で押しつけられた。銃剣とブルドー

1『戦後史の正体』
　孫崎享氏の著書。2012年7月、創元社より出版。日本の戦後史を「米国からの圧力」を前提に考察。その視点が共感を集め、ベストセラーとなった。

2オスプレイ
　タカ科の猛禽類「ミサゴ」の英名。米軍の最新鋭輸送機の通称。現在、海兵隊用「MV22」と空軍用「CV22」の2機種が製造されている。左右の翼に回転翼（ローター）を備え、角度を垂直方向から水平方向まで変えることにより、ヘリのような垂直離着陸、飛行機のような水平高速飛行の両方が可能な反面、事故を頻発させた。犠牲者数は2012年までに36人に及ぶ。輸送ヘリCH46の後継機として、12年10月、「MV22」12機が岩国基地（山口県）をへて普天間飛

ザーで土地を奪われたわけです。今年で戦後68年経ちますから、もうやめて欲しい、まして危険なオスプレイを県民の思いを無視して配備するのはどうかということで、沖縄の首長、県議、県選出の国会議員も一緒になって、思いを伝えるパレードをしたんです。ところが、びっくりしたのは、沿道に日の丸と海軍旗を持った方々がびっしりと並んで、大きな声で「中国の手先」「非国民」「売国奴」とか、私たちの行進にスピーカーで罵声を浴びせかけたんです。沿道から旗を振って「帰れ！　帰れ！」と言うのを聞いて、愕然としました。

そういう状況の中で、沖縄の立ち位置、沖縄の果たす役割、とりわけ中国、韓国、アメリカとの関係をどう作っていくのかということを是非、おうかがいしたいと思います。

孫崎：残念なことなんですが、尖閣の問題に示されるような日中関係の悪さを、日米関係に利用しようとする人たちが日本にもいますし、アメリカにもいるんですよ。尖閣問題がおかしくなったのには二つのフレーズがありました。一つは２０１０年９月の海上保安庁の巡視船と中国漁船の衝突事故、もう一つは石原前東京都知事の米国ヘリテージ財団（注４）での講演（２０１２年４月16日）ですね。あそこから一気におかしくなってきた。石原知事に任せられないから国有化だ、それに対して中国が反発する、というスパイラルになったと思います。

２０１２年11月に、クリングナーというヘリテージ財団の研究員、元ＣＩＡの朝鮮半島担当者で米軍の情報関係もやっていたという人が二つのことを言っているんです。「今が日米関係を強化する絶好の機会、やらなければならない課題をやる絶好の機会だ。

行場に配備された。今後更に12機が導入される予定。13年３月から本土での低空飛行訓練も開始した。

３建白書

２０１３年１月28日に安倍首相らに手交された意見書。沖縄の全市町村長が署名した。要求は以下の通り。

《……復帰40年目の沖縄で、米軍はいまだ占領地でもあるかのごとく傍若無人に振る舞っている。国民主権国家日本のあり方が問われている。

安倍晋三内閣総理大臣殿。沖縄の実情をいま一度見つめていただきたい。

以下、オスプレイ配備に反対する沖縄県民大会実行委員会、沖縄県議会、沖縄県市町村関係４団体、市町村、市町村議会の連名において建白書を提出致します。

一つは、安倍という首相が出る、これはどっちかというと右翼首相である。それからもう一つは、日本の国内に、中国に対する反感がものすごく強くなっている。この二つが日米同盟の課題を推進するために非常に役に立つ」と。

その課題は三つありまして、集団的自衛権、軍事費の増大、普天間移設の推進です。この流れを見ていきますと、日中関係の緊迫というものが日米同盟のために使われていることがわかります。

これは漁船の衝突の時もそうでした。衝突の後に起こったことは何かというと、一つは沖縄の知事選挙に大きい影響を与えたと私は思います。それから思いやり予算。これは、福田首相の時には3年間の延長で、減額をしているんですよ。ところがこれが5年間で、そのままということになった。それから武器輸出三原則の緩和の動き。アフガニスタンに自衛隊の医務官を派遣しようとする動き。

こういう流れで、少なくとも日中・尖閣を巡る緊迫が、日米関係の強化に使われてい

1．オスプレイの配備を直ちに撤回すること。および今年7月までに配備されるとしている12機の配備を中止すること。また嘉手納基地への特殊作戦用垂直離着陸輸送機CV22オスプレイの配備計画を直ちに撤回すること。

2．米軍普天間基地を閉鎖・撤去し、県内移設を断念すること。》

4米国ヘリテージ財団

1973年に設立された米国ワシントンDCに本部を置く保守系シンクタンク。米国政府の政策決定に大きな影響力を持つ。1980年代から90年代前半にかけてのレーガン・ドクトリンの主要な立案者かつ支援者だった。

ることは間違いない。石原前東京都知事が言ったことに対してヘリテージ財団が働きかけていたかどうかはわからないけれども、結果として利用されていることは間違いないんです。

✣オスプレイ配備と「沖縄差別」

孫崎：これらの問題の一つひとつは、もしも尖閣の問題がなければもっと抵抗があるはずのものが、すーっと行ってしまう。例えばオスプレイ配備の問題にしても、もう少し抵抗が強かったと思いますが、尖閣の問題があることによって「本土」の反発は非常に低いわけですね。

私は『琉球新報』などに、オスプレイ配備の問題について書いたんですが、オスプレイの問題で愕然とするのは、野田首相の時からの非常に無神経な政府の発言です。「米軍の配備の問題については我々は何も文句は言えない」と。しかし安保条約は、少なくとも地位協定では、日本の法律を守ると言っているわけですよ。それともう一つ、日本の航空法は適用除外とする、と閣議決定をした。日本の国民を守るという目的を一応は表に出しながら米軍がいる、その米軍が日本の国民の安全を守るためにある航空法を無視する、それを何の議論もなく閣議で決めていくという、この無神経さは本当に問題だと思いました。

オスプレイを一時、山口県で預かっていましたが、それが少し長引いた。そして沖縄に行ったあと、長島防衛副大臣が山口に行って「申し訳ない」と言っている。それを沖縄には一言も言えないわけです。そんなバカな話があるかと思う。これもまた、あまりにも無神経です。

普天間はもう動かせないだろうというのが、民主党の中ではだいたい定着したと思うんですが、自民党になったら、またもう一回、辺野古移設を頑張ろうとする。その理由は何なのかというと、オスプレイは日本の安全に必要だから、というのではない。先日「朝まで生テレビ」でも言っていたんですが、「安倍さんがアメリカに行くのに何をお土産に持っていくか。TPPはちょっと難しい。集団的自衛権も参議院選のあとになる。じゃあ、沖縄の問題だ」と。これはあまりにもひどいんじゃないかと私は思って、ささやかながら自分なりの発信を、ツイッターとかそういうものでやっています。

この間、沖縄国際大学教授で琉球新報社の元論説委員長の前泊《まえどまり》博盛《ひろもり》さんがいらっしゃったときに、私の家から【孫崎享チャンネル】の動画で発信されたんですが、彼は非常に気を遣っているんですよ。『琉球新報』を持っておいでになったんですが、1月26日の『琉球新報』はすごかったですね。あんなの見たことないですよ。ところが、そこに「差別」という言葉があった。

それを前泊さんは「本土対沖縄」という対立構造になることを気にされていた。彼は、日本は差別社会なんだと、沖縄と本土だけの問題ではなくて、日本の中でも、例えば福島の原発被害者と東京の人たちの間にも差別がある、昔からの「エタ非人」との関係もそうなんだと言ったんですよ。終わってから編集者がびっくりして飛んできまして、「あの発言どうしましょうか?」と言ったんですが（笑）。

私は菅原文太さん（注5）のラジオ番組に出演したことがあるんですが、菅原さんと2012年の10月くらいにお会いしたときに、「沖縄の人たちはみんな私を温かく迎えてくれる。だけど、9月以降は違った」と。「あなたは沖縄、沖縄と言うけれど、やっぱり向こう（本土）の人じゃないか」と言われた、それでショックを受けました、と言っていました。

糸数：そこには沖縄の人の本音の部分もあると思うんですよ。でも、みんなにわかっていただかないと、差別されたり、植民地化されたりということは解決しません。沖縄の人は少数ですから、国民に広げていって、外交上どうしても解決してもらわなければならない、共通の課題として一緒にやっていきましょう、と声を上げていく仲間を増やさないと、どうしようもないと思います。

そうでなければ、沖縄は独立した方がいいんじゃないの、どうぞ、と言われてしまいます。気分的にはそうしたいという思いも持っていますし、大田昌秀先生（注6）も「醜い日本人」「その構図はずっと変わらないよ」とおっしゃっていますが、でもそれじゃいけない。そこで留まっていてはダメだと私は思っています。

孫崎：話はちょっとそれるかもしれませんが、今度の原発の問題はこれまでと違うと、私は思っているんです。日本の社会がもしも変わるとすれば、ここが一つの起爆剤になるんじゃないかと。どういうことかというと、今まで一般の人たちは、非常に多くの場合、組織で動いているんです。安保条約の時の組合動員であるとか。今回の場合は違うんですね。誰も指示していない。みんな自分で判断している。自分なりに勉強して自分

5菅原文太
　仙台市出身。1956年、俳優デビュー。代表作は映画「仁義なき戦い」シリーズ、「トラック野郎」シリーズなど。2012年11月に俳優業の引退を表明し、有志個人の政策提言グループ「いのちの党」結成を発表。東日本大震災がきっかけという（ただし政党ではない）。現在は山梨県で農業を営む。

6大田昌秀
　沖縄県久米島出身。沖縄国際平和研究所（前大田平和総合研究所）理事長。1945年3月「鉄血勤皇隊」に動員され、沖縄戦で九死に一生を得るも、多くの学友を失う。その体験から沖縄戦の研究に邁進。米国から米軍撮影の写真など貴重な資料の収集に務めた。
　1968年琉球大学教授

なりの見識を持ってやっています。それがどこまで成功しているのか。福井県で大飯原発が動き始めた。止められなかったじゃないかという声もありますが、止めているところもある。金曜夜の官邸前デモも、主催者だって3カ月で終わると思っていたのがまだ続いている。この運動をやったら何かが達成されるというんじゃなくて、この運動をやること自体が大切なんだというものが芽生えてきているんじゃないかと思います。

糸数：そうですね。起こってくる現象をあきらめるんじゃなくて、参加することによって変えていくんだと、すぐには変わらなくても、いずれ変えていくことに結びついていくんだという、そういう意味で希望を持って行動しているということですね。

孫崎：原発の問題は沖縄にとってはいちばん遠い存在だと思うんですが、こういう人たちとの連携もプラスに働くんじゃないかと思います。

糸数：あえて「差別」という言葉を使わせていただきますと、東京対福島や福井や岩手、宮城など、今回の原発で苦しんでいる地域は、電気は東京へ、首都圏へ送られてくるけれども、悪いものはこういうところに置いておくという意味では、向こうは自治体が手を挙げて誘致した、沖縄は米軍基地を誘致したわけではないというところは違いますけど、「ゴミ」は遠いところに押しつけておけばいいという構造的なものは一緒だと思うんです。そういう意味での差別は沖縄の基地問題も同じじゃないか。だから、原発で苦しんでいる方々を沖縄で受け入れて、親子で沖縄に来て定住している方々もずいぶんいらっしゃるんですよ。その辺は共通するところはあると思います。

に就任。90年沖縄県知事選挙に当選。94年再選。95年米兵による少女暴行事件が発生。同年、米軍用地特別措置法に伴う軍用地使用の代理署名を拒否し、国と最高裁まで争った。2001年参議院議員に（1期）。

✣沖縄と中国との歴史的関係と今後のあり方

糸数：話を元に戻しますと、沖縄は尖閣の問題や竹島の問題を抱えながら、さっき孫崎さんがおっしゃったように、中国、韓国、アメリカとの関係に利用されている。そこはとても怒りに燃えているんですよ、おかしいじゃないかと。

孫崎：私は、尖閣問題は基本的に「棚上げ」（注7）と言っているんですが、そうするとものすごいバッシングを受けるんです。日本でそれを支持してくれる人はたぶん10％くらいしかいないと思います。沖縄の方はどうなんですか？

糸数：私たちにとっては昔から生活圏としての尖閣です。漁場であり、実際にそこに鰹節工場もあって、人々が住んでいたわけですから、領土問題という以前に生活圏と捉えています。そこには中国からも台湾からも韓国からも漁民が集まってきて、台風になれば避難して来るというのが暗黙の了解で、どこから入ってこようが関係なく共存してきたわけですよ。それをいきなり外から、とりわけ東京都知事時代に石原さんがアメリカで講演されたり、尖閣を買い取るんだと寄付金を募ったりするということは、石垣島の人にとっては、なぜこんなことをするんだろうと、非常に迷惑です。戦時疎開遭難で亡くなった人の慰霊祭も島の人たちが定期的にやっているのに、わざわざ上陸して大げさにやって、緊張関係を作っていくというのは迷惑以外の何ものでもない。

沖縄の歴史を遡っていけば、琉球王国時代は、中国や朝鮮をはじめアジアの国々と交易を通してずっと仲良くやってきて、それで琉球王国は成り立っていたわけです。それ

7尖閣問題「棚上げ」
1972年の日中国交正常化交渉当時、田中角栄首相（当時）と周恩来総理の第3回首脳会談中に田中総理が尖閣諸島領有問題に言及すると、周総理が「今、これを話すのはよくない」と答えた（外務省会談記録による）。以来、尖閣問題は両国の間で「棚上げ」状態となってきた。1978年の日中平和友好条約締結時にも、鄧小平副首相がその路線を確認した。

を、日本の国に帰属するようになってから断ち切られてしまった。でも実は、今も与那国の方々は台湾の花蓮と、ずっと交流しているんです。戦後間もないころは、戦後復興のために闇物資を密貿易して食べ物をお互いに交換していた。その物資は沖縄から、和歌山とか

四国とか日本本土の各地に持っていって、戦後のモノがない時代に生きながらえていくために警察も片目をつぶって見逃していたという時代がありました。与那国は一時、人口が2万人を越すくらいの時もあったんですよ。

島の人たちが国に求めているのは、自衛隊ではなくて一国二制度です。物流の交換をしながら島を活性化するために行き来させてくれ、船も飛行機も飛ばせてくれと、ずっとお願いしてきたんですが、国は聞き入れない。それどころか、今回、自衛隊を配備するために、予算を付けて監視態勢に入っていく。そんな状態は、島の人はほんとは望んでいないですよ。過疎化した地域を活性化するために自衛隊を、と言っていますが、自

衛隊が来ても島は活性化しませんし、人口も増えません。
自衛隊が基地を造ることで一時的に潤うことはあるかも知れませんが、それ以上のことはない。昔の交易時代に戻って自由に行き来できる一国二制度をさせてくれと言っているのに、それをさせずに自衛隊の基地を造れば、もっともっと緊張関係が増してくるだろうと危惧しています。ですから、沖縄の立ち位置ですね、沖縄の果たす役割を今後どのように対処していくのかというのが、いちばん大きな課題なんですが、それをどのように考えておられますか？

孫崎：私は、日本と中国のあり方については、いちばん重要なのは複合的な相互依存関係を作ることによって領土の問題を低くすることだと、いつも言っています。それが現実の問題としてできているのが、フランスとドイツの関係です。アルザス・ロレーヌ地方（注8）というドイツ語の人たちが住んでいたところが、第二次世界大戦でフランスに取られた。それを取り戻すというのではなくて、両国が基本的に協力することによって紛争をやめるということをやった。そして今、アルザス・ロレーヌ地方は「ヨーロリージョン」と呼ばれ始めている。特別のステイタスをヨーロッパ議会が与えたのです。フランスあるいはドイツという一つの国に属しているというものから、より昇華させて両国の協力のシンボルとしていくということです。そういうふうに、長期的には日本と中国、あるいは日本と韓国のお互いの交流を強くすることによって、「争うのはバカバカしい」と思う人たちを増やしていくのがいちばんいいことだと思います。アルザス・ロレーヌ地方というのはそれの引っ張り役になっているわけですよ。

8アルザス・ロレーヌ地方
フランス北東部のドイツ国境に接した地域。鉄鉱石と石炭を産出するため、フランス・ドイツ間で争われた。第二次世界大戦以降はフランス領となったが、中心都市であるストラスブールにはヨーロッパの主要な国際機関が多く設置され、欧州統合の象徴的な地域となっている。

これから政治的なものがいろいろあったとしても、中国が世界最大の国家になることは間違いない。中国との関係をどううまく利用するかによって発展していくと思います。これは偶然かも知れませんけれども、福岡へ行きますと他の土地よりも活気があるんです。中国であれ韓国であれ、これから栄えていく地域との結びつきが活性剤になっている。そういう意味で、交流が起こることによって逆に政治が変わっていくと思います。

今の日本の魅力というのは、中国と比較すれば犯罪が少なくて治安がいいとか、環境などの面でアピールできる。日本に来たいという人たちが、そこに観光名所があるというんじゃなくて、日本という社会にしばらくいたいというふうになってくると思います。ですから、短期ではなくて最低1週間くらいの滞在ができるプラン、そこで過ごす、そこにいること自体がわくわくすることだというような観光プランが出てくるのがいちばんだと思うんです。中国の人が来て、沖縄との結びつきが一つの中心になっていくようなものを是非やってほしい。

私は辺野古の海岸に行って、あそこでサンゴのかけらを拾って帰ってきたんですが（笑）、たいへんな魅力のある場所です。そういうところに来て1週間くらい滞在できるとすばらしいですね。

糸数：ありきたりのホテルに泊まるのではなくて、ホームステイをしながら、地域の人と交流したり、心を開きあっていくとかね。実際に与那国という島は台湾の花蓮という町と姉妹提携をして、お互いに行き来しているんですよ。私も直接関わったことがあるんですが、特別チャーター便を出して行ったこともありました。そういうことが自由にできるように国がちゃんと許可してくれたら、変なキナ臭いことにはならないと思うんです。現に地域では、例えば台湾の研究者が来て、私も知っている方なんですけど、おじいちゃんのお宅に1年くらい泊まって、沖縄の言葉を学んで、ペラペラしゃべれるという女性の研究者もいらっしゃるんですよ。そんなふうにして交流はしているんですけど、それを国はよしとしない。

中国については、沖縄には久米三十六姓（注9）という、こちらに頭脳移入してきた方々の子孫がいて、福建省との交流もすごく盛んで、沖縄県の事務所があるんです。ところが、国自体がガタガタしているものですから、そこで催されるはずの行事日程が一時全部キャンセルさせられ、沖縄の中学生・高校生も行く予定だったのが待ったをかけられたんですが、今また行き来し始めています。中国の方の子孫が沖縄にずいぶんいらっしゃいますので、仲井眞知事もそのお一人ですから、事を起したくない。ほんとうは友好的に行き来したいわけです。沖縄からすると、中国には恩があるんですよ。太平洋戦争以前、あるいは日本に帰属する前、昔からずっとそういう交流があって、沖縄の文化も食文化や焼き物をはじめ大きな影響を受けています。むしろ親や兄弟の国という気持ちでいますので、こんなことをされると迷惑なんですよ。石原前都知事が火を付けた結果、こんなふうになってしまいましたけど、今、孫崎さんがおっしゃるように、民間レベルでの交流を深めていくことが、長い目で見れば緊張を解く一つのきっかけになるのかなと思うんですが、いずれにしても今は厳しいですね。

9久米三十六姓
１３９２年に明の洪武帝より琉球王国に下賜されたとされる閩人（びんじん：福建省の中国人）の職能集団のこと。彼らの子孫が那覇の久米村（現・那覇市久米、唐栄とも）に定住したことから久米三十六姓と呼ばれるようになった。

✣米国内に出ている安倍批判

孫崎：アメリカを見ていますと、ちょっと新しい動きが出ていると思うんです。今の日米関係というのは、基本的に産軍複合体のような人たちで、その利益を独占している。日本の経済はたいしたことないというので、アメリカの経済界はあまり関心がなくて、相手は中国だというふうになっているんですね。尖閣の問題が起こる前は、産軍複合体が海兵隊のロジックでやるというのなら、やってろ、という感じだったと思うんです。それで、尖閣をその人たちが使おうとしてきた。ところが、それが中国の方に跳ね返るんです。沖縄に、これまでの関係をおかしくして欲しくないという考えがあるのと同じように、アメリカの方も非常にせめぎ合っているわけです。産軍複合体で中国を包囲しようという動きと、もう一方で、経済の方で手を繋いでいこうという動きが、もうどうしようもない段階まで入ってきている。その二つのバランスの中で、尖閣問題でアメリカが軍事の方にバーッと引っ張られるのは困るということで、日本では、安倍首相が出てきたのはアメリカに大歓迎されるだろうとみんな思っているけれども、現実には安倍批判がアメリカでは出てきているんです。尖閣の問題だって、ワシントン・ポストが「棚上げしろ」と言っている。最近、沖縄の方とアメリカとが直接パイプを持たれ始めていますよね。

糸数：国を超えて……（笑）。

10リチャード・リー・アーミテージ
　米国の海兵隊出身の政治家。レーガン政権の国防次官補代理、国防次官補。2000年に対日外交の指針としてジョセフ・ナイらと作成した政策提言「アーミテージ・レポート」では、日本に有事法制の整備を期待する内容が盛り込まれた。ブッシュ政権下で05

孫崎：そういう形で、沖縄が国を超えて連携してきたものを、また日本の方へ発信する。「あんたたちは、アーミテージ（注10）とかそういう連中に操られているけど、アメリカの決定権はそういうところにはないよ。もう少し冷静にやっている人たちの方が多い」と、そういうものを発信していただければと思います。

糸数：大田知事時代からずっと、遡っていけば稲嶺知事も西銘知事もそうですけど、県政が変わるときには必ずアメリカへ行っているんですよ。私たちも行っていますが、特に仲井眞知事になってから、知事以外で具体的に事務レベルで動き始めていますので、それはまた大きなプラスになると思います。

孫崎：ところで、日本国内ではすごく叩かれていますけれども、鳩山由紀夫さんはまだ生きているんですよ（笑）。

糸数：しっかり動いているじゃないですか（笑）。

孫崎：それで、「東アジア共同体」（注11）というのをまたやろうとしているんです。それを一つの柱にしようとされている。去年の10月くらいに沖縄国際大学で講演する予定だったんです。その時に私も「おまえ、前座をやれ」と言われて付いていくはずだったんですが（笑）、選挙になったので実現しなかった。でも、また行きたいと思っているはずです。

糸数：近々いらっしゃる予定があると聞いていますよ（２０１３年2月20日来沖）。

孫崎：私もこれから鳩山さんと連携を取っていくことになると思います。

糸数：是非そうしていただきたいです。鳩山さんが最初におっしゃったことは本音だ

年1月まで国務副長官。07年2月には、政策シンクタンク戦略国際問題研究所（ＣＳＩＳ）でナイと連名で「第二次アーミテージ・レポート」を発表し、日米同盟を英米同盟のような緊密な関係へと変化させ、東アジア地域で台頭する中国を穏健な形で秩序の中に取り込むなどとした。12年8月には「第三次レポート」を発表、エネルギー同盟を提言した。

11東アジア共同体
一般に、日中韓を基調として緊密な提携関係を成立させようとする構想。２００９年5月に民主党代表、同年９月総理大臣となった鳩山由紀夫は、演説や寄稿文などで「日米安保条約は外交の要」としながらも、友愛精神に基づいた「東アジア共同体」を提唱した。

と私たちは信じたいんです。

孫崎：本音ですよ。

糸数：孫崎さんの本の中にもありますし、かなり縛りがあってこういう形になりましたけど、県民の中にも、民主党がそのままで終わってほしくないと思っている人たちはたくさんいます。最初のマニフェストの通り、時間をかけていいからやってほしいという思いなんですよ。これだけ自民党政権の中で県民に基地負担を負わせて、この責任は、ほんとうは自民党政権に問いたいんです。鳩山さんが出てきて、県民の思いも受け止めて発信されたら、とたんに日米両方から圧力がかかってこういう形になったことは県民もわかり始めていますので、「鳩山さんノー」ということではなくて、されようとしたことはよかったと、でも両方の圧力に負けるような体制だったんだと、いちばんの反省点はそこだと思うんですね。ですからもう一回、おっしゃったことを一つひとつ、今だからできることもたくさんあると思いますし、さっきおっしゃったようにお元気ですから（笑）、これから、もっとフットワーク軽くやってほしいなと思います。

✥「尖閣棚上げ」は両国の合意だった

糸数：憲法を変えていこうとする今の政権の怖さはみんなが感じています。県民の4人に1人が亡くなっていった沖縄戦を体験された方は特に、安倍政権に対する怖さを持っている。それは、さっき孫崎さんがおっしゃったようにアメリカの中にもあると思うんです。憲法を変えることがいいことなのかどうか、とりわけ9条を変えて元の軍事大国になったらたいへんだと、アメリカがいちばん感じているんじゃないかと思います。
その一方、別のところでまた違う動きがあることも事実で、今、尖閣を中心に右翼がものすごい動きで沖縄に来ています。先日、櫻井よしこさん（注12）が沖縄に来て講演されたんですが、宜野湾市民会館が溢れるほど若い人が集まったんですよ。戦場を体験された方が危惧する、憲法を変えて欲しくないという思いと、もう一方で逆に、その中身を知らない若い人たちが、憲法を変えていこうとする動きに対して、あまり考えないで同調していく、右傾化していく流れが沖縄にもある。その二つがせめぎ合っている状況だと思います。

孫崎：そうなんですか……。私も昨日、地下鉄でビラを配っている人がいて、つかまったんです。「孫崎さん」と言うからてっきり支持者だと思ったら、全然逆なんです（笑）。糸数さんがおっしゃるように、オスプレイ反対の動きは中国に動かされている、というビラでした。

糸数：41のすべての市町村も県議会も知事も、県民が一つになって動いて「県民の民意はオスプレイ・ノーだ」と、まとまったとたんに、違う動きがまた加速しているのは事実なんですが、これがほんとうに地元の人たちなのかなぁという疑問を私たちは持っています。送り込まれてきた人たちが、若い人たちを動かしている。私たちが今、保革を超えてオール沖縄で基地問題を解決の方向へ大きく動かしていこうという動きの対局に、また別の動きがあるということについて、どうしたらいいとお考えですか？

孫崎：わからないんですけど、私は、日本人はそんなに愚かではないと思っています。

12櫻井よしこ
１９４５年10月、ベトナム・ハノイの野戦病院で生まれた。英字新聞の東京支局勤務などを経て80年５月より日本テレビ『ＮＮＮきょうの出来事』のキャスター（96年３月まで）。保守論客として知られ、改憲、核武装・原発推進論者だが、共謀罪や住基ネットには反対の立場をとる。13年２月、第７期中央教育審議会委員に就任。

しかしやはり、尖閣の問題などは、非常に誘導され始めているのは確かです。さっきちょっと申し上げたように、尖閣の問題は日米関係と無関係ではない。これを動かしている人たちは、日米関係の一体化のためにいろんなことをさせるときに尖閣が有利に使える、ということから始まっている。

　私が今よく使う文献は、1979年5月31日の『読売新聞』なんですが、「両国とも自分たちのものだと言っている中で、お互いに棚上げをしよう」、棚上げをすることが、文書にはなっていないけれども両国の合意なんだと、「尖閣の問題で紛争を起すな」と書いているんですよ。それがなぜ今日のようになったか。それを変える力があったからです。その力というのは、日米一体化の人たちがこれを使おうと思っていることは間違いない。尖閣諸島で棚上げの合意があったことは、72年の日中国交回復の時の条約課長だった外務省の栗山（尚一《たかかず》）元次官（注13）も言っているんです。そのいちばんの責任者が、合意があったと言っているんだけど、外務省はすっかり変わってしまっているんです。その事実をどこでゆがめてきたかというと、まだよくわからないんですが、どうやら1996年ぐらいじゃないかと思います。少なくとも96年には変わっている。

　96年というのはどういう年かと言うと、94年に「樋口レポート」（注14）というのがあって「日米関係より世界との連携を」と言った。これに危機感を持ったアーミテージやジョセフ・ナイ（注15）が95～96年にかけて「東アジアレポート」（注16）というのを書いて「日米関係を強化しなきゃいけない」と言った。それから日本の防衛大綱が出て、日米協力の方向に行く。その96年とぴったり一致している。だからたぶん、連携してい

13栗山尚一
　1954年外務省入省。72年沖縄返還当時は条約課長補佐、同年日中国交正常化交渉当時は条約課長として両事案に深く関与。89年外務省事務次官を経て、92年から95年まで駐米大使。

14樋口レポート
　1994年、細川護熙内閣期に設置された防衛問題懇談会（座長：樋口廣太郎アサヒビール社長）で作成された『日本の安全保障と防衛力のあり方―21世紀へ向けての展望』の通称。細川首相退陣後の同年8月（自社連立の村山内閣時）に発表。日本の安全保障を確保するには日米安保よりも東アジアの集団安全保障体制の構築を優先させる内

ると思いますね。

ですから尖閣の問題というのは、誰がやっているのかはわからないけれども、日米関係をより従属的な形にしていく上で日中の対立が望ましいんだということじゃないかと思いますね。

糸数：そういう中で、今度、安倍さんがアメリカに行きますよね。冒頭に言われたように、今、日米の課題はいくつかあるんですが、その中で辺野古の問題ですね、普天間の問題、オスプレイの問題も含めて所信表明の中で全く触れずに、何をお土産にアメリカに行くのか……。

孫崎：辺野古の問題をやらざるをえないというのがあるんじゃないでしょうか。わからないんですが、国がやってきたら、知事は抵抗する姿勢は見せるけれども受け入れるのではないか……。

糸数：そこが非常に難しいところで、今日の新聞にも出ていますけれども、ものすごい予算をつけて、那覇空港の並行滑走路も前倒しでやりますよ、というお土産を沖縄にプレゼントしました。アメリカへの手土産は辺野古の基地になるんですかね……。

国からの辺野古の埋め立て承認申請に知事が印鑑を押すかどうかという場面が、これからやってくる。知事が「ノー」と言った場合、国がどうするかというハードルが目の前に突きつけられているんですが、これだけの予算をもらって拒否できるのか。あるいは、権限は一応、知事にありますけど、国は新たな法律を作って特措法で、知事とは関係なくやっていこうとしているのかどうか。わからないんですが、これだけ知事が頻繁

容で、米国は危機感を抱き、翌95年2月、日米関係を含む米国のアジア戦略を「東アジア戦略報告（EASR）」（通称：ナイ・イニシアティヴ）にまとめた。

15ジョセフ・ナイ
米国の国際政治学者。民主党政権で政府高官を歴任。1995年2月、国防次官補として通称「ナイ・イニシアティヴ」と呼ばれる「東アジア戦略報告（EASR）」を作成。東アジアに約10万の在外米軍を維持するなど、冷戦後のアメリカの極東安保構想を示した。前出「アーミテージ・レポート」の共同提案者。

16東アジアレポート
1995年2月にジョセフ・ナイが中心になって作成した「東アジア戦略報告（EASR）」を指す。通称「ナイ・イニシアティヴ」。

に行き来するというのは、そんな動きもあるのかなと心配しているんです。
この日本の国の対米従属を解消する道はあるんでしょうか。

✣力になるのは女性と若者

孫崎：私は、尖閣問題がなかったら5年で大丈夫だと思っていたんです。日本は今やもう、中国との関係があまりにも深いんですよ。アメリカとの貿易が15・5％くらいで、中国圏＝中国、台湾、香港、それに韓国まで入れると38・5％くらい。2倍以上なんですね。それがまだ多くの人には見えていない。だけど日本の経済界は明確に見せつけられるから、5年くらい経てば日本の世論は変わると思っていた。ところが尖閣の問題が出てきたら、お金の問題より領土問題だと変な動きが出てきた。

私の『戦後史の正体』のいくつかのポイントの一つは、1985年から始まって90年くらいから20年間、日本の経済はアメリカに何も助けてもらっていない。逆にアメリカにどれくらいブレーキをかけられているか。かつては日本の銀行はベストテンの中に7行入った。今、9番目にやっと1行入っているだけ。こんなことは偶然に起こっているわけではない。銀行もそうだし、日本の輸出が滞ったのも、円高というものを設定されて、日本の企業が海外に流出した。それはプログラムに基づいて動いているわけです。対米べったりの姿勢が1990年くらいから続いて、経済は「失われた20年」なんですよ。対米べったりで何の利益があったんだということを気づけるチャンスです。おかしいなと思う人は増えてきています。

で、やっぱりね、力になるのは女の人なんです。それは非常に簡単なことで、男の人は企業に勤めているから、企業の論理で仕事をせざるをえない。事実を見ないようにしているんです。日本の社会でいい企業に行く人というのは、インテリでＩＱが高いんですね。ＩＱが高くなればなるほど、原発推進しろ、辺野古へ行け、増税しろ、と、自分個人としてみればマイナスのことをやれと言われる。だけど日本の主婦のＩＱは決して低くない、本来的には。関心がそっちに行っていないだけですが、そういう意味で女性がもっともっと関心を持つ必要がある。私は去年の9月くらいに冗談で、森裕子《ゆうこ》さん（注17）が民主党の代表になったら風が起こると言ったんです。それは、一つは、政治家には年齢の旬があると、それから女性であること、それから何でも思い切ったことができるということで、そう言っていたんですが、変な動きになってしまった。

私は動画をやっているんですが、年齢と性別が出るんです。年齢はその時によって違うんですが、今いちばん多いのは20代です。20代・30代・10代がいちばん大きい。性別でいうと男性5対女性1くらいです。

糸数：それを底上げしていかないといけないですね。

孫崎：原発がそのきっかけになると思います。これをどううまく、政治に関心を持つのがファッションみたいになれるか。私は皇居の周りをジョギングしているんですが、夕方の6時ころだと、だいたい男性2対女性1くらいなんです。昔だったら男ばっかりだった。女性が来ると男性が来るんです（笑）。だから、いかに若い女性たちに政治のことをしゃべることをファッションにするか。これを誰かに考えてもらって……。

17森裕子
２００１年、当時の自由党から参議院議員選挙に立候補し当選。２０１１年、野田内閣で文部科学副大臣に就任。12年7月3日に民主党離党。同月11日に国民の生活が第一の結党に参加。11月28日、日本未来の党に参加し党副代表に。12月27日、日本未来の党から分党した生活の党の代表に就任。13年1月25日、生活の党代表を辞任し、代表代行に。

糸数：もちろん考えていますし、やっていきますよ。チリの女性前大統領のミシェル・バチェレさん（注18）が日本に来て講演したときに、同じことをおっしゃっていました。日本の政界に女性がもっと進出したら、日本の経済は絶対変わりますよ、とおっしゃっているんですよ。私もよく通っているんですが、フィンランドでは20名の閣僚のうち12名が女性なんですね。経済とか建設とか、そういう難しい部門に女性たちがいます。

でも日本では、少子化担当大臣とか消費者問題とか、お飾りという感じです。もっともっといろんなところで、しっかりと担当できるようなポストに女性を登用して欲しいなと思います。台所の感覚で経済を見て、その感覚で、しがらみを断ち切って思い切ったことをやっていく。世界的に発展しているところはそこなんですよと、チリの前大統領もおっしゃっていました。日本はもっと女性を、企業でも政界でも登用すべきだと。

孫崎：まずは一般の若い人たちが政治に関心を持つ。この人たちがボイスを持つ。ここにどうやって持っていけるか。

糸数：私たちも問われていることですね。幸いに、小さなことではあるんですけど、オスプレイの反対で全41市町村の代表が東京に来た時に、沖縄大学の学生のみなさんが自発的に関わって、今回、6名来ました。そのうち女性が2人です。自分たちでカンパを集めて来た。自分たちでオスプレイの問題に取り組んで、冊子も作ったりしている。自分の目の前にオスプレイが飛んでいる、いつ落ちるかわからないという危機感を持っていて、そういう関心が少しずつ県内の若い人にも出始めています。若者たちは声をか

18ミシェル・バチェレ　チリの政治家。アジェンデ政権に協力した父親は1973年9月11日のチリ・クーデターで反革命軍のピノチェトに逮捕され、74年3月に拷問死。彼女も75年、オーストラリアに亡命、その後旧東ドイツに移った。79年、軍政下のチリに帰国し、反政府活動を再開。90年の民政復帰とともに保健省入省。2000年から保健大臣、国防大臣を歴任。06年にチリ史上初の女性大統領に当選。10年任期満了。その後、潘基文国連事務総長より国連の新組織UNウィメンの初代事務局長に任命された。

けていけば応えてくれる。わかっていこうとする努力をしていくんです。そのチャンスを与えているかどうかについては、私たちも責任があります。

この間、沖縄大学で、ＴＰＰのことで講演させてもらったんですが、感想文を見たら、かなりの人たちがきちっと感想を書いていました。ＴＰＰに反対というのはよく言われるけど、何がどうだから反対なのかということを話したんです。二つのゼミが合体して聞いてくれました。

孫崎さんがおっしゃるように、やっぱり伝えていく努力が必要ですね。考えていくように仕向けていく。今は選択肢がいっぱいありすぎて、どれを選ぼうと自由ですが、でも政治は、あなた方の将来に関わっていくことだからきちっと考えようよ、というところに向けていけば、ちゃんと考えるんですよ。今回も自発的に参加していますから、そういう人が1人でも沖縄の若者に、あるいは日本の若い人たちに、とりわけ女性に増えたらいいなと思います。

❖「平和の一議席」への期待

孫崎：糸数さんの話は、沖縄では何の違和感もなくみんなが聞くと思うんですが、沖縄だけが舞台でなく、日本の中でもっともっと出ていって欲しいというのが、私のいちばん大きな希望です。

糸数：ありがとうございます。私もそれを望んでいるんですが、すごく難しい立ち位置なんですよ。沖縄での私の支持者は、いろんな政党の人たち、県民がいるんですが、私がもっと羽ばたこうとする時に、それができない部分が実はあります。そこを突き抜けていかなきゃならないんですが。

孫崎：さっき、森裕子さんのことを言ったんだけど、そういう人たちがぐっともっと前に行って、ということですね。

糸数：基地問題だけでもないですし、日本の国でやっていくことはいっぱいあります。そういうことでフィンランドにも通い出しているんです。小さい国ではあるんですが、沖縄が学ぶべきことがたくさんあるものですから。

孫崎：フィンランドもそうですが、ノルウェーも面白いですよ。何かというと、あそこがノーベル平和賞を出しているんです。ノーベル賞はいくつかありますが、平和賞だけをスウェーデンからもらった。私が東京外国語大学で研究者が集まっているところへ尖閣問題を講演していたら、ノルウェーの人がいたんですよ。

彼がどう言ったかというと、「自分たちはNATO（注19）に入らざるをえなかった。入らないという選択は非常に難しかったから入ったけれど、NATOに入って最前線でロシアと向き合う。下手すると自分のところが戦場になるかも知れない。これをどうするかということで考えたのが、国境線から自分たちの軍隊を150キロ、250キロまで下げた。それでもちろん、下げた理由を向こう側に説明して、我々は自発的に行くんだから、あなたたちはそれをきちんと守れよ、と、ロシアもそれに利益を見いだしているからこう言ったんだ」と。そういうことで、平和をスローガンじゃなくて、作ることにものすごいエネルギーをかけている。だから、もし機会があったらオスロのノーベル

19 NATO（北大西洋条約機構）
　1949年4月4日締結。北大西洋条約により、北米（米国とカナダ）及びヨーロッパ諸国によって結成された軍事同盟。結成当初はソ連を中心とする共産圏に対抗する西側陣営の多国間軍事同盟で、冷戦後は東欧諸国が加入。当初の加盟は12カ国。その後16カ国が加盟し、13年3月現在28カ国で構成。

平和センター（注20）に行ってみてください。

糸数：それはいつも大田先生から伺っていますので、是非行きたいと思います。フィンランドもやはりスウェーデンやロシアから責め立てられてたいへんなときにどう交渉したかと、それを私たちは学びたいと思っています。フィンランド元大統領のアハティサーリさん（注21）がノーベル平和賞を受賞したんですけど、紛争地へ出かけていって、水面下で交渉して紛争を止めさせたという実績も持っていますし、一国二制度で成功しているところもある。オーランドという小さな島があるんですが、そこをフィンランドは一国二制度で認めているんです。日本も沖縄をそう認めてほしいと思います。島嶼の世界会議をその小さな島でやったりするんですが、そういうところに私はすごく関心を持っています。

また、戦争で痛めつけられた建物をそのまま残して、補修しながら文部科学省として使っているんですよ。絶対にその紛争を、平和の心を忘れちゃいけないということで。フィンランドは女性を登用して、世界でもいちばんの教育立国です。30年前、ヨーロッパでもいちばんGDP（国内総生産）が低かったのに、国家予算の30％を教育にかけていく、環境問題や福祉にかけていくということで、学ぶ子どもたちを増やしていった。障害を持っている子どもたちも、そうでない子どもたちも、将来的に納税者にするには、小さいときから教育の格差をなくしていくということで、教育費が一切無料です。

鳩山さんはそれを学んで高等学校の無償化をやろうとしたと思うんですよ。それを何十年も続けていけば、子どもたちも同じように伸びていく。親の経済状態で子どもたち

20ノーベル平和センター
　2005年6月に開館。毎年12月10日にノーベル平和賞授賞式が行われるオスロ市庁舎近くの古い鉄道駅を利用して造られ、歴代の平和賞受賞者やアルフレッド・ノーベルの資料を展示、世界平和に向け戦争や紛争解決への関心を高めることを目的としている。

21マルッティ・アハティサーリ
　フィンランド第10代大統領。外交官として駐タンザニア大使、国連ナミビア事務総長特別代表などを歴任。1993年にフィンランド社会民主党の党首となり、94年大統領に当選。2000年まで1期6年務めた。退任後は、国連特使としてコソボ地位問題やアチェ和平合意など、世界各地の紛争解決に尽力。08年にノーベル平和賞受賞。

に格差が出る、東大に行く人はもともと親が裕福でなければ行けないという今のシステムを変えていくというところに鳩山さんは注目したと思うんです。それが今はうまくいっていませんが、もろもろのことを学びたいということで5年くらい通っています。沖縄の地元でフィンランド協会を立ち上げて、大使もよくいらしています。

資源のない沖縄でこそ人材を育てていく。基地の島ではなく、子どもたちがちゃんと育てられる、世界に人材を発信できる地域になっていけばいいなというのが私の思いなんですけど、それが違うところにどんどん行くので、子どもたちは貧困の格差をもろに受けて、たいへんな状況です。基地あるが故の富裕層と、一方で、子どもたちが置き忘れられているという子どもの貧困がある。基地の影響が回り回って、シングルマザーや親のいない二重国籍の子どもたちがずいぶん生まれてきている。国はやっとそこに支援の手をさしのべつつありますが、そんな課題を沖縄の課題としてきちんと訴えて行けたら、というのも国政の私の課題の一つです。そういう意味で、北欧に学ぶところはたくさんあります。

今日は、本当にありがとうございました。（２０１３年1月31日：参議院議員会館にて）

孫崎　享（まごさき・うける）

１９４３年生まれ。１９６６年、東京大学法学部中退、外務省入省。駐ウズベキスタン大使、国際情報局長、駐イラン大使をへて、２００９年まで防衛大学校教授。
著書：『戦後史の正体』（創元社）『日米同盟の正体―迷走する安全保障』（講談社現代新書）『日本の国境問題―尖閣・竹島・北方領土』（ちくま新書）など。

IV

うない（女性）の力で未来をひらく

女性・子どもが生きやすい沖縄をめざして

〈座談会〉

糸数 慶子・有銘 佑理・砂川 結愛

司会：浦島悦子

左から有銘佑理さん、砂川結愛さん

✣二つの世代が出会う

——20年前の県議初当選以来、政治家として沖縄の女性の新しい歴史を切り開いてきた糸数慶子さんの歩みは、あとに続く女性たちに、また沖縄の未来に大きな勇気と示唆を与えています。この座談会では、経験豊富な慶子さんと、これからの沖縄社会を作っていく20代のお二人に、歴史をつないでいくこと、めざすべき沖縄の未来像、その実現のためになど、自由にお話しいただきたいと思います。若いお二人から自己紹介をお願いします。

有銘：有銘佑理《ありめゆうり》です。大学時代に、日本と沖縄と韓国の三地域が抱えている米軍基地の環境問題のシンポジウムが韓国で行われ、参加したときに糸数慶子さんに初めて会いました。今は、主に普天間爆音訴訟団の事務所で訴訟の手続きや、集会を手伝っています。

東京外国語大学の朝鮮語科を卒業したんですけど、勉強していた韓国語を通じて韓国の歴史や米軍基地問題を学ぶようになり、それで沖縄のことについても、より関心を持つようになりました。それから、私はガールスカウトをやっていたんですが、最近また活動に参加するようになり、子どもたちと触れ合う機会や、私たちを育ててくれたリーダーの方たちと改めて話をする機会が多くなっています。自分たちはこんなふうに育てられていたんだなぁと、大人になってから感じるようになって、ガールスカウトも活動の一環として頑張ろうかなと思っています。

砂川：砂川結愛《すながわゆあき》です。大学を卒業してまだ7カ月の社会人1年生です。大学は東京の帝京大学なんですが、20歳になって選挙権をもらった時は、それだけで本当にうれしくて、この1票だけでも政治に参加していると感じました。自分の足下からまず勉強していきたいと思って、大学3年生の時に、新宿で開かれた糸数慶子さんのシンポジウムに参加しました。

私は石垣島出身なので、基地問題とか雇用問題も本島とは違っていて、見えない部分がたくさんあったので、これから自分が社会に出て働いて生活していくためには、そういうところにも眼を向けていかないといけないと思っています。大学で専攻していたのは教育学で、今の職場である金融業は全然違う分野なので、まだ足を踏み入れたばかりかな、という気がしています。

──銀行に就職されたのは何か理由があったんですか？

砂川：最初は公務員希望で、教員も考えたんですけど、やはり一般企業、特に銀行で働くことで経済の動きが見えるのではないか、お金が集まるところだし、いろんな人が集まってくるので、世界情勢とか日本の動きがいちばん敏感に感じ取れるかなと思って就職しました。

──有銘さんは朝鮮語を専攻されたということですが、それは将来のどんな方向を考えて選択されたんですか？

有銘：私が韓国とか朝鮮に関心を持ったきっかけは、高校生の時に韓国ドラマを見て、純粋に韓国語という言語そのものに惹かれて勉強を始めたんですけど、高校3年生の時にガールスカウトの推薦で、日韓の青少年交流事業で韓国に行ったんです。沖縄と似ているという か、文化も、歴史的にも、戦争の記憶とか、植民地支配による日本に対するマイナスの感情も、私が沖縄で暮らして感じているものと似ていると感じました。私は日本人で、彼らは韓国人だけれども、どうしてこんなに似た感情を持つんだろうと考えるようになって、その事業に参加したあと、大学を決めたんです。でも、将来、何になるとかいうのは、その時点では何も考えていなかった。ただ学びたいという気持ちだけでした。

糸数：私が有銘さんと初めて会ったのは、韓国で一緒にシンポジウムに参加したときですが、大学在学中の若い女性がこれだけしっかりした考えを持って韓国のシンポジウムに参加しているというのが驚きでもあるし、とてもうれしかった。というのは、私たちを取り巻く運動は高齢化していて、思いは若々しいけれど、65歳の私は若い方で（笑）、そういう中に輝いている若い女性がいるというのは、異色でもあるし頼もしくもある。しかも、私の大好きな韓国の言葉を流暢にしゃべれて通訳をしている。うれしい発見であり、出会いでした。

一緒にシンポジウムの仕事をして、帰ってきてからまた東京でお会いするチャンスがありました。爆音問題で悩まされている嘉手納町議や行政の皆さんが沖縄から出てきて、防衛省とか外務省とか内閣府とかを回ったときに、彼女も関心があるだろうと声をかけて、一緒に回りました。

卒業後、しばらく沖縄に帰るということだったので、短い期間でもいいから私の事務所でインターンをしないかということで、沖縄教育出版で2週間、うちで3カ月、研修をやってもらいました。本当はここにずっといて欲しいんですけど、私の思いとしては、これだけの語学力を活かして韓国と沖縄の懸け橋になるような大きな仕事をして欲しいので、ここにとどめておくのももったいない。沖縄全体の問題や課題、方向性など、外に出た方が見えるものもあるので、しばらくは武者修行ということで、外で頑張ってもらっています。

去年、姜尚中《カンサンジュン》先生に沖縄で講演をしていただいた時、講演後に若者代表で有銘さんに花束贈呈と、姜先生がお話をしてくださったことに対する感想と彼女自身の思いを話してもらいました。その内容が若者らしい感性で先生の話を的確に捉えていることに、会場にいらっしゃる400名余のみなさんが感動し、注目の的になりました。

本来は一つである朝鮮が、戦争で二つに分断され、今は韓国と北朝鮮に分かれています。民族的な紛争がなくなって、元のように統一されてほしいと私たちは願っていますが、それがなかなかうまくいかない。姜先生は東アジア共同体の話もされていました。沖縄はずっと差別されてきて、今もされていますけど、それを乗り越えて一緒にやっていければいいね、とおっしゃっています。それを彼女が見事に受け止めて、そのことに対する感想を述べたので、すばらしいな、また成長したなという感じを持ちました。

砂川さんも、とても魅力的な方です。彼女が話したように、2年前、新宿ネイキッド・ロフトというところで、私と藤木勇人《はやと》さん（うちなー噺家。沖縄のことをいろんな形で全国に伝えている方です）がジョイントして、彼は今、落語を学んで高座にも上がったりしているので、彼なりのとらえ方で沖縄の話をした。私は、米軍による強姦事件をはじめ女性の人権を侵害する事件や事故が戦後どれだけ起こってきたかということと、沖縄が今抱えている課題、普天間の県内移設＝辺野古新基地建設の問題を、民主党に政権が変わってもなおかつそれに固執する現状をお話ししたんですよ。

そのあと「会場から質問や意見はありませんか」と言ったときに、会場を見渡したら、若い女性たちが何人か座っているんですね。その中の二人が手を挙げて話をしてくれたので、涙が出るほど感動しました。砂川さんと、お友だちの二人でしたけど、私がブログで、この催しを告知したので、来てくださったということでした。

私の話に対する質問と、彼女たちの感想を語った。私の話したことは決して過去の話じゃない。米兵は本国に帰る前、沖縄の女性たちをレイプして帰っていく。そうやって生まれた子どもたちの面倒を、その女性たちが見られないので両親が養育している話や、私の言葉で言えば、沖縄は米軍の占領地であり、植民地状態が今も続いているということを、お友だちの体験を通して話してくれたんです。砂川さんが東京で学生生活を送りながら、私の活動に関心を持ち、ブログがきっかけで、この催しに足を運んでくれた。それがすごくプラスになったと思います。

私はお二人を見て、沖縄も捨てたもんじゃないなぁと思いました。素敵な若者たちに出会ったなと、とても喜んでいるところです。

✤まだある「女・子ども」意識

――私も実は慶子さんと同世代なんですが、私たちの世代は、女であるということですごく悔しい思いをしてきたし、慶子さんも政治の世界でものすごく苦労されてきたわけですが、お二人は、自分が女性であることでぶつかっている困難とか悔しい思いとかがありますか？

砂川：仕事をしていて感じるのは、上の方、管理職に行けば行くほど男性が多い。女性はどういう場面でも出やすくなった、自分の力を発揮しやすくなったと思うけど、実際に核となっているのは男性が多い、というのは感じますね。

有銘：私はまだそういうことにぶち当たっていない。周りも、ガールスカウトのリーダーとかですけど、結婚して子どもを産んで、キャリアから一回引いて子どもを育てるということを、悲観的ではなくて楽しんでいる人たちに出会ってきたので、自分が女性だからこういうことができなくて悔しいとか、やりたいことをあきらめざるを得なかったとかいう体験は、まだ、していないです。

糸数：そういう意味では恵まれている。でも沖縄の社会の中では、「女・子ども」みたいな考えはまだまだあると思うんですよ。私も、政治の世界でも民間企業でも、それをずっと味わってきました。形だけは管理職ですけど、待遇面とか社会的なステイタスはとても厳しくて、たたかいながら勝ち取っていくという状況だったので、仕事は男性と同じか、むしろそれ以上のことをやっているにもかかわらず、評価は低い。そういうこともあったので、職場を辞めて自分で企業を興そうということで動いていたんですよ。最終的には決断をして議員の道を選択したわけですけどね。

❖家族と女性たちの支えで県議会へ

——ここで改めて、お二人から慶子さんに聞いておきたいことがあればお願いします。

砂川：あの時代に女性が政治に出るということについて、お連れ合いに不安はなかったのかなぁということと、慶子さんがどうして、自分でなきゃと思ったのか、そのへんを是非聞きたいです。

糸数：私はバスガイドとしてトータル20年仕事をしていました。夫自身が組合の中で平和運動をやっていて、夫の平和に対する思いや活動と、私の親の戦場体験、また自分の仕事を通して、沖縄の平和がどれだけ脅かされているかということを強く感じました。それが平和ガイドの案内の中に生かされてきたんです。夫は新聞記者でもあるので、彼の世の中の動きを見ていく視点と、私がバスに乗って体験していくことと、それから琉球放送にも2年ほど働いていましたから、自ずと日本の今の法律のことや沖縄の置かれている理不尽な状況を、夫婦で話し合うようになりました。

そういう中で、夫の方に社大党から、県議に立候補しませんかという話が来たんです。夫は、自分は新聞記者として、沖縄の状況をしっかりと伝えていくのが本望だと断った。社大党は、どんなにしても夫を説得できないとわかって、次は私の方に話が来たんですね。その時、私は三女の享子が生まれたばかりだったし、会社を辞めて学校を作ろうと動き出していたので、お断りしました。OKを出したのは夫なんです。彼は新聞社の先輩や仲間たちに相談して、応援するということになった。平和運動をともにやっている仲間の女性たちに相談したら、自分たちは女性議員を市会議員には出したけど、県会議員にはまだ出せないでいるから、頑張ろうよ、ということになった。

翌年92年に県議選挙があって、そのとき当選した48名中に女性議員はたった1人だったんですよ。

——ほんとに画期的でしたよね。

糸数：カネをかけない。環境を汚さない。具体的に言うと、違反ポスターを一切貼らないという運動をしたんです。紙も大事にします、資源ですから、と。そしたら小学校5年生くらいの女の子が、こんなに小さい鉛筆を持って、「糸数慶子さんが環境を大事にしますと言うから、私も鉛筆を使い捨てていたけど、これにキャップを着けて使い切ります」と言って、お母さんと一緒に私の選挙事務所に訪ねて来たんですよ。もう感激で、その子の書いた作文を選挙事務所に貼り出しました。1期目、2期目と、この子はずっと応援してくれたんです。

私は専門学校や大学や、バス会社でも教えていたので、若いみなさんがこの選挙にすごく関心を持って、私がいつも言っている、平和をどう構築していくか、とか、環境問題や子育て、雇用の問題まで一緒に考えてくれた。

それを夫が後押しし、支えてくれた。それを聞いて子どもたちが「協力するよ」と。小学生が学校に行って、「先生、うちのお母さんが選挙に出ますからよろしく」と集票カードを持って行ったので、先生はびっくりして、「享子ちゃん、今これを出されたら先生は困るから、いったん家に帰って、放課後もう一回来てね」と(笑)。それで放課後もう一回行ったら、家族の名前をみんな書いて届けてくれました。

それから中学生の二女は、「お母さん。絶対、学校の前でスピーカーから『糸数慶子をよろしく』と言わないで欲しい。学校の前に選挙ポスターを絶対に貼らないで。約束よ」と言う。これもしっかり守りました。学校が近くなると、どこの学校でもすぐボリュームを絞った。そうすると学校の先生方がちゃんと聞いててくださって、糸数さんの宣伝カーは決して学校の前では流していません、と。

あの時の初心は今振り返っても新鮮なんですが、その子どもたちが今や結婚して母親になっている。隔世の感がありますね。

✣活動を通して伝える

――有銘さんは何か聞きたいことがありますか?

有銘：大学の時のゼミの友だちとか、普天間爆音訴訟団とか、自分が働いているところを通して出会った人たちとは、沖縄の社会のこととか現状について意見交換することができるんですが、小学校や中学校の時の友だちには、そういう話をなかなか切り出せない。慶子さんは普通の主婦だとか、政治に何の関心もないときに付き合っていた友だちに、政治家になってから会ったとき、何か言われたり、批判されたりしたことがありますか？

糸数：それはもう、ありすぎるほどありますよ。私がなぜ立候補するのかということを家族にわかってもらうのに、実は何カ月もかかりました。毎朝7時になると姉から電話が来るんですよ、「もう取りやめたでしょうね」と。夫からは「決意してくれたか」と毎日言われる。まずそこが難関だったんですが、夫の話は妙に説得力があり、つい納得して、それから姉たちを説得しました。

次は友人関係です。私の育った村は、どっちかというと政治的には保守的な方が多いところです。那覇で選挙していますから、久しぶりに故郷の読谷に帰ると、政治的な信条が違う人たちは「なぜ？」と聞くんですよ。

それが何年か経って、活動しているうちに成果が出てくるじゃないですか。私は子ども病院を造ろうという活動を県議のころからずっとやってきました。

それから、首里にある、今は若夏学園と言っていますけど、以前は実務学園と言っていた学校の問題でした。両親が子どもの養育ができなくて、在学中にちょっとしたいきさつで補導された子たちがいる施設で、中学校まで一緒に勉強しながら生活しているんですね。こういう学校は全国にありますが、その施設には教壇で教える資格を持っている先生がいない。ただ工作をさせたり書道をやったりということで、学力がつくような学びをさせられていないんですね。実は、私の姉の活動を通して子どもたちと交流する中でこの現実を知りました。

県議会で質問したら、当時の仲里教育長が話を丁寧に聞いてくださって、ちょうど3月で予算を決定する時期でしたが、教育長の判断で先生方を３名、配置することができた。20年間、ずっと先生がいない状態で来ていたので、とても画期的なことでした。そこから原籍校に戻って高校受験することができたんです。

そういうことがメディアに紹介されると、私の活動が県民に伝わっていきますよね。そうすると、政治的な活動では立場が違うと思っていた人たちが、応援するようになったんですよ。ですから、国政に出るときは故郷の同級生たちが先頭を切って応援してくれました。

やはり動くことによって、だんだんみなさんに理解していただける。最初は難しいですよね。でも二人とも若いし、これからいろんな活動を通して、同級生や友だちに、「私はこう思うよ」「今、私はこういう仕事をしている」というところから言っていくと伝わるものがあると思いますよ。

✣無関心がいちばん怖い

――沖縄戦を体験した世代や、自分たちの土地が目の前で基地に取られていくのを直接体験した世代は、基地に対する拒否感がとても強いと思うんですが、生まれたときから基地があるのが当たり前、という中で育ってきた若い人たちは、基地をどんなふうに捉えているのか、そのへんはどうですか。

有銘：あって当たり前という感覚も確かにあるんですが、戦後67年の間に沖縄の人たちは何度も何度もアクションを起こして、それでも何一つ動いていないという基地の現状があるから、あきらめみたいなものが蔓延している。２００４年の沖国大のヘリ墜落事件も、誰も亡くならなかったということが風化を早めてしまっているような気がします。

糸数：それはすごく感じます。国会議員の仕事は、国家予算の内容をチェックしていくのが最優先ですよね。何にいちばん予算を使うべきかというと、私は教育だと思っています。ところが、私たち沖縄の国会議員も県議や市町村議員も、米軍がらみの事件・事故が発生したということで、決議、抗議、要請ということを四六時中、何十年も繰り返しているので、本来やるべきことがいつも後手後手にまわってしまう。

だけど、これは政治家に任せておけばいいよと、若い人たちは思っているんじゃないの？　という懸念がある。投票行動で、きちんと自分の意思表示をして欲しい。無関心がいちばん怖いことなので、それを若い人に伝えたい。

――今、政治があまりにもひどくて、若い人たちが投票に行かないという気持ちはよくわかるんだけど、でも、自分たちが選んだわけではない人たちが勝手に政治を動かしていて、それが自分たちにも影響してくるわけです。男性と女性とでも違うと思うんですが、女性の方がむしろ敏感だという気がします。

糸数：とくに子育て世代ね。保育環境も整っていないし、学校の状況も、例えばいじめの問題とかいろんな問題が教育環境の中にありますよね。なので、女性はすごく関心を持っていると思います。

有銘：私は学校の中で先生たちが、政治のこととか選挙のこととか、もっと話していいと思うんですよ。でも変に、思想を押しつけちゃいけないというふうになってしまっている。先生たちも、子どもたちに基地の問題とか難しいことを伝えることを恐れているし、学校側もそれを規制している。

糸数：コスタリカは、子どもたちでも模擬投票できるんですよ。

有銘：コスタリカの子どもたちの本を読みましたけど、小学生が自分の応援する候補者を決めて、私はこうだからこの人を応援すると、考えて発言していく。それを大人たちが受け入れていく、という社会はすごく大切だと思います。

砂川：教育環境が違うなというのは、留学している時に強く思いました。

糸数：どこに留学していたんですか？

砂川：アメリカのミネソタ州です。高校1年生のアメリカンヒストリーの授業で、今の政治についてのディスカッションが行われるんですよ。自分は誰々を応援している、なぜ応援しているのか、と意見を言う。それに対して意見のある生徒はもちろんいるんですけど、決して否定しない環境がある。そこに私と、もう一人スウェーデンの留学生がいたんですけど、その子も自分の国の政治についてちゃんと語っていた。

でも私は、私の国である日本の政治がどうだとか首相がどうだとか聞かれたときに、何も答えられなかった。「日本ってこんなに勉強していないし、何も言わないの？」と、そう言われた時に、自分が日本の高校で何も学んでいなかったんだなと痛感しました。

糸数：うちの娘も95年の少女の事件が発生したとき、ちょうど高校生で、アメリカに留学していたんですよ。モダンジャパンという時間があって、その中で何度も話をさせられたそうです。彼女は、米国留学中に沖縄や日本の焼き物を勉強するきっかけができて、自己主張をきちんとできるようになって、のちのちの生活や会社の中でも、自分の意見を持って職場の中のこれを改善したいと言えるようになった。ちゃんとディベートができるという点は、アメリカはすばらしいなと思いました。

——日本の教育のあり方は問題だらけですよね。

糸数：まだまだ環境は整っていなくてたいへんだけど、私たちの世代（60代）に比べると、みなさんの世代（20代）は本人の意思さえあれば、いくらでも、どんなところでも行ける。社会的にも職場的にも政治的にも。問題は、どういう志を持って生きていくのかだと思うんですね。

✣基地に頼らず生活できる方法を

——沖縄に生まれ育って、将来的にこういう沖縄になればいいなぁというのがあると思うんですが、そういう将来像と、そのためには何が必要だと思うか、それぞれお聞かせください。

砂川：沖縄は自分たちの県を盛り上げようとしているけど、一方に、基地で働いて雇用が生まれている現実がある。最近知ったんですけど、奥武山公園とかも米軍関連のお金をもらって整備されているそうです。だから、県民がもっと政治や経済に関心を持って、基地に頼らないで生活できる方法をみんなで考えていける環境があればいいなと思います。そのためにはもっと若者を巻き込んでいくことが大事です。

糸数：米兵あるいはアメリカ人と付き合ったけど結婚がなかなかうまくいかず、結局は辛い目に会っている人たちがいて、そのことを受け止めて相談に乗ってくれる「ウィメンズプライド」というグループがあるんですよ。子どもができたけれども、相手が責任も取らずに帰ってしまった、どうすればいいの？　と困っている人たちに対して、「ウィメンズプライド」の人たちが十数名、24時間態勢で対応しているんですよ。

そういう負の部分をなくすには、やはり基地をなくすしかないというところに行き着く。基地が存在するための負の遺産というのは、子どもたちの貧困にもつながるし、教育環境の悪化にもつながっていく。相談を受けながらそういうことを感じます。

——有銘さんはどうですか。

有銘：私が最近ちょっと怒ったのは、「全国豊かな海づくり大会」が開かれていますよね。天皇が来県して盛り上げようとしていますけど、信じられないのは、辺野古も潰すと言っているし、泡瀬もこれから埋め立てる、浦添のカーミージー（浦添市港川にある自然海岸の通称）も埋め立てて、見直しをしようともしない。何が「豊かな海作り」なんだろうと。経済的なしがらみとかもあると思うんですけど、ちょっと頭を働かせれば、言っていることとやっていることが違うというのは、子どもでもわかるくらい明確に示されていると思うんですね。

私は、沖縄が観光立県で生きていくんだったら、自然を守ることにもっとお金を費やすべきだと思います。基地の交付金をもらうのは当然だと思うんですが、そのお金を一過性のものに使うんじゃなくて、自然の保護だとか環境保全、原発を造らなくても生きていくための電力を開発する費用に当てるとか、そういうことに使って欲しいと思うんです。

✣自然と触れ合う大切さ

有銘：私はこの前、ガールスカウトの子どもたちと泡瀬干潟にウミエラ（サンゴやイソギンチャクの仲間で、羽ペンのような形をしていて、「天使の羽」とも呼ばれる）を見に行こうというプログラムに参加させてもらって、子どもたちと保護者と一緒に行きました。

――ウミエラ、見た？

有銘：見ました！　今はもう、そこは埋め立てられてしまったんですけど……。埋め立てた土地で経済が発展してお金がもらえるかもしれないけれども、今見ているきれいな海を潰してまで、それがやりたいかというと、自然とみんな「ノー」になる。自然と触れ合う機会というのは、人が政治を考えるきっかけにもなるというのをすごく感じました。子どもたちが自然体験をやっていくのはすごく大切なことだと思います。

糸数：私もそれをすごく感じています。小さいころ、野山でうんと遊んだんですね。その自然の中で過ごしたことが大きな力になっているんですよ。来週あたり、泡瀬の海ホタルを見に行く約束をしているんですが、こういうすごい干潟が沖縄にあるのにそれを埋めてしまうことは本当にもったいない。

これからやれることとして、やんばるの森を世界自然遺産に登録してもらいたいということがあります。そのための議員の集まりがあるので、どんなことがあっても参加しています。

有銘：先週、泡瀬のお話会があって、母を連れていったんですけど、絶滅危惧種に指定されている貴重な生き物がこれだけいます、というお話を聞きました。環境省はレッドデータブックとか作っておきながら、この人たちは何をしているんだろう、これをみすみす見殺しにするようなことを許しているなんて、訴えられないのかな、怠慢だと思いました。

――泡瀬を埋めてほしくないというのは、たぶん沖縄市民のほとんどが思っている。進めようとしているのは土建屋さんとか、それで儲かる一部の人たちだということをみんなわかっていて、でも議会は、そういう人たちの利害を背負った人たちが多くて賛成してしまうという矛盾があるわけですよね。

有銘：壊すことでお金をもらえる仕組みじゃなくて、壊れた自然を復活・再生していくことでお金をもらえるシステムができれば、土建屋さんだって強い味方なのにな、と思う。

糸数：川で言えば近自然工法の川造りや、海で言えば海岸線をコンクリートの護岸で囲むのでなく、自然を元に戻していく工事を地元の業者に公共工事としてやってもらう方法とか、希望はありますね。

✣女性の力を発揮するネットワーク作り

――沖縄の女性は強いとか「うない神」とか言われているけど、それはあくまで、「男を守る」女として尊重されているのであって、女性の地位が高いということではないですよね。でも女性の底力はすごくあると思うので、それを今後、表に出して行ければと思いますね。

糸数：長野県で、平塚らいてうさんの時代からずっと学んできている女性たちが、塾を作っていて、県議会に女性を送り出しているんですよ。もう80歳を越すようなしっかりした先輩たちがいらして、私は3年前にそこに招かれて、沖縄の基地問題を話したんですが、来ていた女性の区長さんとか村会議員、町会議員、県会議員たちが、「長野から女性の総理大臣を出しますよ」とおっしゃっていました。沖縄の女性たちもそういう意気込みで頑張って欲しいと思います。

沖縄でも今、女性の市町村議員がたくさん出てきているので、月に2回、朝の8時から10時まで勉強会をしています。特に今、子育ての問題、子どもの貧困の問題が遅れているから、そのあたりを底上げしていきながら女性議員を増やしていこうとしていますので、チャンスがあったらみなさんも是非参加して、取り上げて欲しいことを提起していただきたいなと思います。

——現職の議員だけでなくて、志を持った女性がどんどん参加するといいですね。

糸数：そういう政治スクールみたいなものを8年前から目指しているんですが、今やっと動き出したところです。神奈川ネットワーク運動という、女性の市町村議員から県議会議員まで50人以上網羅した組織があるんですよ。みんなで活動もシェアしながら、政策も作りながら、2期8年で交替して議員を出していくということをやっている。そういうのを目指したいと思って、ずっと交流を持っています。

——慶子さんが20年間、活動をやってきたけど、次の世代を育てないと仕事は終わらないですよね。

糸数：そうなんです。次の世代にしっかりバトンタッチしながら、バトンタッチしたあとも応援をしていく。それを目指したいし、また責務でもあると思っています。そこでみなさんが光って欲しいなぁと（笑）。

✤「沖縄問題」は国全体の問題

——県議時代は県内のことをやればよかったと思うんですが、国会に出て行くと、沖縄はどうしたってマイノリティですよね。そのへんでの慶子さんの苦労とか、感じたことがありますか。

糸数：県議としては県内の課題を、基地問題以外もいろいろ取り組んできたんですが、国会に行けば、国民の代表になるわけですから、沖縄問題だけではないんですよね。オールジャパンでやることと、沖縄の問題を特化してやることと、両方をやらなければならない。でも、基地問題は外交問題なので、これをやることがオールジャパンでやることにつながるということがわかってきた。ただ辛いのは、無所属だから私が入りたい委員会に入れない。そういう場合は、沖縄の課題も含めて質問主意書（71ページ参照）という形でけっこう出しています。

無所属で一ついいことは、党派にとらわれず、大学であったり、労働団体、女性団体であったり、どんなところからでも声がかかって、北海道から与那国島まで講演に行っています。それはとてもうれしいです。沖縄のことを全国のみなさんと共通の課題として考えたり、語ったりできる。

家庭的に言えば、東京と沖縄が半々、国会開会中は、8割東京で2割沖縄。家族としてはたいへんですが、そこは夫が家事育児、あるいは孫のお守にも関わってくれているので、私から見れば男女共同参画型家庭を地で行くような生活になっているのはありがたいですね。週末だけは孫の顔を見るということで、それが逆に私の励みになっています。

有銘：夫選びも大事ですね（笑）。

糸数：いい夫を選んでください。夫の教育も大事ですよ。人を見る眼も、自分の思いを忍耐強く相手に伝えていくことも、とても大事です。何度も議論して議論して、勝ち得たものが、わが家でもいっぱいあります。

国会でこれがなかなかうまくできていない（笑）。オスプレイの問題についても、自民党時代からわかっていたことなのに「承知していません」と言い続けて、それが去年、ファクス1枚で「配備します」なんて、こんなに県民をバカにした国の政治のあり方はとんでもないと思います。米国の言いなりになる日本はほんとに民主国家なのかと疑いたくなります。

✣女性の未来志向と命への思いを政策に
——フィンランドは総理大臣も女性だし、閣僚も女性がたくさんいて、だから、ああいう素敵な政治ができていると思うんです。あれを見ると、やはり女性の力は大きいなぁと……。

糸数：私はフィンランドにずっと関心を持ち、沖縄フィンランド協会を立ち上げ事務局長をしています。フィンランドでは20名いる大臣の中で12名が女性です。

有銘：えっ？　男性の方が少ないんですか？

糸数：経済や建設関係の大臣も女性です。それも若い。フィンランドは、29歳の文部科学大臣が誕生して、この方の思いが国そのものを変えていったんですよ。フィンランドはＯＥＣＤ（経済協力開発機構。ヨーロッパを中心に34カ国が加盟）の中で学力世界一ですが、なぜそうなったのか。

30年前のフィンランドは、財政が逼迫して、失業者がたくさんいるたいへんな状況で、日本の比ではなかったそうです。その中で、国の限られた予算をどこに使うかといった時に、国家予算の大半を子どもたちのために使った。家庭の経済状況によって子どもの教育に格差があってはいけないということで、オギャアと生まれた子どもたちが大学へ行くまで教育は無償にしましょう、と。

それが功を奏して、世界から注目されるような人材が育ったわけです。世界中からヘッドハンティングされるし、国内でもＩＴ産業とか電子工学が世界のトップクラスに躍り出たり、学ぶところがいっぱいありますよ。

近々また、フィンランド協会が行くので、是非一緒に行きましょう。

有銘：是非行きたいです！　今、日本は経済的に苦しい家庭も多いし、外に出ていきたくても行けない人も多いと思うんですけど、日本の中だけにいると日本のことしかわからなくて、そういうふうに女性が活躍している社会に間近に触れられる機会が欲しい。私は今、話を聞いただけでもこんなに力が湧いてくるくらいだから、こういう社会が実現可能なんですよ、というシンポジウムでもいいし、集まりをやりたい。中学生や高校生も入れるような交流があるといいなと思います。

糸数：若い人たちが政治でも経済でも自分たちの力を発揮していけるような環境を作っていく責任が、私たちにはある。バトンを渡せる環境を作っていきたいと思います。そのためにも海外もしっかり見に行きましょう。

――最後に一言、お願いします。

有銘：今、普天間では毎日、警察と対峙して、反対している中でもオスプレイは飛んでいるし、どうしよう……という感じなんですけど、今日はすごく明るい気持ちになりました。諦めてはいけないと強く思ったし、ちょっとふさぎ込んでいた気持ちが晴れました（笑）。

砂川：今日、私は聞く方が多かったんですけど、もっと自分がしなきゃいけないこととか、勉強しなきゃいけないことを考えさせられました。勉強すれば自分から主張もできるし、変えていくことができると思う。

有銘：女性どうしで夢を語るのはとても大事だなと思いました。

糸数：うれしいですね。こういうのをもっと広げていけたらいいですね。

――今日は、本当にありがとうございました。私もすごく楽しかったです。

（２０１２年11月17日：糸数慶子沖縄事務所にて）

◆沖縄戦後史略年表

✻1945年
3月 米軍慶良間諸島に上陸。
6月 沖縄戦の組織的戦闘終結。
9月 収容所内の市会議員選挙で初めて女性に参政権が与えられる。

✻1946年
4月 沖縄民政府発足。ひめゆりの塔建立。
8月 本土疎開者第一陣帰還。

✻1948年
2月 市町村議会選挙で女性議員12名誕生。
7月 通貨が軍票「B円」に。
12月「沖縄婦人連合会」結成。

✻1949年
5月 米、沖縄長期保有を正式決定。中華人民共和国成立。

✻1950年
3月 民営バス発足。
6月 朝鮮戦争勃発。
10月 沖縄社会大衆党結成。
11月 沖縄群島政府発足。
12月 米国民政府発足。

✻1952年
3月 第1回立法院議員選挙。
4月 琉球政府発足、主席は米軍が任命。
4月 対日講和条約発効、同日に日米安保条約、日米行政協定発効。この年、米、初の水爆実験。

✻1953年
4月 米国民政府「土地収用令」公布、土地の強制接収。
7月 伊江島土地闘争。
12月「沖縄子どもを守る会」結成（会長・屋良朝苗）。
12月 奄美の日本「復帰」。

✻1954年
1月 アイゼンハワー米大統領、沖縄の無期限保有を明言。
4月 立法院、軍用地四原則を全会一致で採択。
10月 人民党事件。

✻1955年
7月「土地を守る会」結成。
9月 由美子ちゃん事件（米兵の幼女暴行事件）。
10月 人権擁護全沖縄住民大会開催。

✻1956年
6月「プライス勧告」。
7月「軍用地四原則貫徹県民大会」に10万人が参加、島ぐるみ闘争。

✻1958年
3月 立法院で初の女性議員誕生。
9月「B円」からドルに通貨交換。

✻1959年

6月 石川市宮森小学校に米軍ジェット機墜落。
12月 米兵による農婦射殺事件（無罪判決）。
✻1960年
4月「祖国復帰協議会」結成。
6月 新日米安保発効。
✻1961年
12月 具志川の民家に米軍ジェット機墜落。
✻1963年
2月 国場君事件（中2男子が米軍車両に轢殺される）。
3月 キャラウェイ高等弁務官、「自治は神話」と演説。
✻1965年
2月 ベトナム北爆開始、沖縄は米軍の出撃基地に。
8月 佐藤首相来県。
✻1967年
2月「教公二法」阻止闘争、立法院を2万人の群集が囲む。
9月「沖縄婦人団体連絡協議会」結成。
✻1968年
11月 主席公選。
11月 嘉手納基地でB52が墜落爆発。
✻1969年
2月「2・4ゼネスト」回避となる。
11月 佐藤・ニクソン共同声明で「沖縄の72年返還」。
✻1970年
11月 国政参加選挙。
12月「コザ暴動」。

✻1972年
2月 社大党、「復帰」後も党の存続を決定。
5月 施政権返還、通貨切替（ドルから円へ）。
✻1975年
4月 ベトナム戦争終結。
7月 皇太子夫妻来沖、ひめゆりの塔参拝中に火炎瓶を投げられる。
7月 海洋博開催。
10月 沖縄戦時「慰安婦」とされたペ・ポンギさんに特別在留許可。
✻1977年
5月 公用地暫定使用法期限切れ。
✻1978年
7月 交通方法変更（ナナサンマル）。
✻1982年
2月 嘉手納爆音訴訟、国を提訴。
7月 高校歴史教科書で沖縄戦における日本軍による住民虐殺記述が削除され、抗議が拡がる。
12月「一坪反戦地主会」発足。
✻1985年
1月 国籍法改正で無国籍児の救済がはかられる。
11月「うないフェスティバル」開催。
✻1986年
2月「日の丸・君が代」の教育現場への押し付けに反対する県民総決起大会開催。

✻1987年
6月 嘉手納基地を人間の鎖で初包囲、2万5千人が参加。
✻1990年
6月 沖縄全戦没者追悼式に歴代首相として初めて海部首相が出席。
10月 渡嘉敷島で朝鮮人「慰安婦」慰霊祭。
11月 大田昌秀が県知事選で当選。
✻1991年
1月 米、湾岸戦争開始。
10月 ペ・ポンギさん死去。
12月 金学順さんら「慰安婦」とされた女性3名が日本政府の謝罪と賠償を求めて提訴。
✻1994年
4月 米軍F15戦闘機が嘉手納基地の黙認耕作地に墜落炎上。
4月 CH46輸送ヘリが普天間基地滑走路に墜落。
✻1995年
6月 摩文仁の平和祈念公園に「平和の礎」建立。
9月 第4回世界女性会議（北京）に沖縄から大勢参加。
9月 米兵3人による少女への暴行事件発生。
10月 少女暴行事件への抗議県民総決起大会に8万5千人が参加。
11月「基地・軍隊をゆるさない行動する女たちの会」発足、県庁前で12日間座り込み。
12月 村山首相、米軍用地強制使用代理署名拒否で大田知事を提訴。

✻1996年
2月「女性たちのピース・キャラバン」訪米行動。
4月 SACO合意。
9月 米軍基地の整理縮小と地位協定の改正を問う県民投票実施。
✻1997年
12月「海上ヘリ基地」の是非を問う名護市民投票、「反対」が勝利。比嘉鉄也市長が移設受け入れ表明し辞任。
✻1998年
11月 県知事選で稲嶺恵一が当選。
✻1999年
12月 普天間飛行場の移設地が名護市辺野古沿岸域と発表される。
✻2000年
4月 沖縄県立平和祈念資料館開館。
7月 沖縄サミット。同月、嘉手納基地包囲の「人間の鎖」に2万7千人参加。
12月 女性国際戦犯法廷開催、沖縄における米兵による暴行事件が証言される。
✻2001年
6月 北谷町美浜で米兵による暴行事件発生。
9月 米同時多発テロ「9・11」、在沖米軍基地が厳戒態勢、観光客が激減。
✻2003年
3月 米、イラクへの攻撃を開始（イラク戦争）。

＊2004年
4月 辺野古の座り込みはじまる。
8月 米軍ヘリが沖縄国際大学に墜落炎上。
9月 那覇防衛施設局が辺野古海域のボーリング調査を強行、座り込みは海上での非暴力直接行動へ。
＊2005年
8月 大江・岩波裁判始まる。
9月 辺野古のボーリング調査のやぐら撤去、反対住民の勝利。
10月 米軍再編中間報告。
＊2006年
5月 米軍再編で辺野古新基地をV字案で日米合意。
11月 県知事選で仲井眞弘多が当選。
＊2007年
3月 文科省、教科書検定で高校教科書から「集団自決」の日本軍強制記述を削除。
7月 東村高江で米軍北部訓練場へリパッド（オスプレイパッド）建設に反対する座り込み始まる。
9月 「教科書検定意見撤回を求める県民大会」に復帰後最大の11万6千人が参加。
＊2008年
3月 「米兵によるあらゆる事件・事故に抗議する県民大会」開催。
＊2009年
8月 衆院選沖縄の全選挙区で自民党候補者が落選。「普天間基地は国外、最低でも県外（移設）」を掲げた民主党を中心とする連立政権発足。
11月 読谷村で米兵ひき逃げ事件、男性が死亡。
＊2010年
1月 名護市長選で辺野古移設に反対する稲嶺進が当選。
4月 「普天間基地の早期閉鎖・返還、国外・県外移設を求める県民大会」開催、9万人が参加。
5月 鳩山首相、普天間「移設」先の辺野古回帰を表明、辞任。
11月 県知事選で「県内移設容認」から「県外」へ政策転換した仲井眞弘多が再選。
＊2011年
12月 田中沖縄防衛局長、辺野古アセス評価書提出時期を記者に問われて「犯す前に犯すと言いますか？」と発言、県民の怒りが沸騰。同月、辺野古アセス評価書の搬入阻止で市民が県庁包囲、沖縄防衛局は28日未明に警備室に投げ入れ強行。
＊2012年
1月 「アメリカに米軍基地に苦しむ沖縄の声を届ける会」訪米団がワシントンで要請行動。
3月 県が第32軍司令部壕の説明板から「住民虐殺」「慰安婦」の文言を削除。
9月 「オスプレイ配備に反対する県民大会」開催、10万1千人が集う。同月、オスプレイ強行配備阻止闘争で普天間基地の全ゲートを24時間封鎖するも機動隊に排除される。
10月 オスプレイ12機普天間に配備。

（作成：岡本由希子）

◇――あとがき

昨年2012年は、沖縄の「日本復帰40年」という節目の年でした。私の長女の未希はちょうど復帰の年に生まれたのですが、この子が大人になったころは、沖縄はきっと変わっているだろうと思っていました。ところが、変わるどころか、基地問題に関して言えば、ますますたいへんな状況に追い込まれてきています。復帰すればきっと沖縄はよくなるだろうと思っていたのに、ますます悪くなっていく。これで本当にいいのか。沖縄の「復帰」とは何だったのだろうと考えさせられました。

私は戦争が終わって二年後に生まれ、今年で65歳ですが、子どもを3人産みました。彼女たちもそれぞれ嫁ぎ、孫たちも生まれています。子どもたちが生まれたときのことをいろいろ回想しながら、子や孫たちに私は何をバトンタッチすべきなのかと思ったときに、それは、沖縄を含めた日本の国の「平和」だと考えたのです。

沖縄戦を体験した私の両親が私に伝えたかったことは、「やっぱり平和がいちばんだよ」ということだったと思います。戦争が終わって生まれた私に「慶子＝慶（よろこ）び」という名前をつけてくれたのですが、それに値するような世の中になっているかと言えば、それもまたNOです。

なぜ沖縄の人たちがこれだけ基地に対する強い反対の思いと、平和を希求する心を持っているのか。それは、我が家の戦場体験や私の出自、私の歩んできた戦後の沖縄が、縮図のように語っています。それは、これからの大きな県民の課題とも重なるものです。そこで私自身が、子どもたちや、私と関わってきた人、これから関わっていこうとする人たちに、私が辿ってきたことと、これから歩んでいこうとすることを是非知って欲しいと思いました。それで、去年の復帰40年の5月からずっと思いを温めて来たのです。

そんな中で、あるきっかけがあって浦島悦子さんとお話しした時に、「私はこういう思いを持っているので手伝ってくれませんか」と相談しました。私が政治の世界に入る前から彼女を知っているのですが、浦島さんも、私が政治の世界に入り、知事選挙を経験し、参議院議員として戻る、という変遷の中で、私に語って欲しいこと、私を通して彼女も表現したいことがあったからよかった、ということで、この本を作っていこうということになりました。

この本の中でいちばん読んで欲しいところ、私が訴えたいところは、生まれ育った「読谷村」を抜きにしては語れません。両親は戦後の廃墟の中から立ち上がって、私たち家族、子どもたちを育ててくれましたが、両親とも生前、私に語らなかったのが、生きて会うことができなかった兄姉のことです。なぜ私に語ってくれなかったのか……という思いもあるのですが、それは私が親になって初めて両親の辛さがわかったような気がします。あのときああしてあげればよかった、こうしてあげればよかったという、亡くなった子どもに対する両親の悔しい思いを察すると、2人の子どもを育て上げられなかった原因である戦争、両親が苦しんだあの状況を、これから先、どんなことがあっても、私の子や孫たちの時代に絶対に繰り返して欲しくないのです。

ごく普通の生活がしたい。それなのに、沖縄ではごく普通の生活ができないのは、なぜなの?というところを読んで欲しいと思います。これは、沖縄の人が誰でも持っている素朴な疑問で、私が政治をやっているとか政治の現場にいるからではありません。周りの人たちが何度も危険な目に遭っているのを見てきているのです。私もすれ違いながら、かろうじてその危険な目に遭わずにすんでいますが、もしかしたら私が棚原隆子ちゃん（85ページ参照）だったかも知れないし、もしかしたら、という場面がいくつもあります。それを考えると、やはりこのことはどうしても残したいと考えて、この本を出しました。多くの県民や国民、私がこれから出会う人たち、とりわけ若い人たちに読んでいただけたら、と願っています。

最後に、本作りを中心で担ってくださった浦島悦子さん、ご協力くださった安里英子さん、岡本由希子さん、そして、本に出るのは「イヤだ、イヤだ」と言いながらもつきあってくれた、わがパートナーの糸数隆さん、超ご多忙の中、対談に快く応じてくださった孫崎享さん、帯の推薦文を書いてくださった姜尚中さん、座談会で夢を語り合った有銘佑理さん、砂川結愛さん、編集・発行の労をとっていただいた高文研の山本邦彦さんほか、私を支えてくださるすべての方々に厚くお礼を申し上げます。

２０１３年４月１日

糸数 慶子

糸数　慶子（いとかず・けいこ）

1947年、沖縄県読谷村に生まれる。米軍占領下で育ち、基地の重圧と平和の尊さを身をもって実感。読谷高校を卒業後バスガイドに就き、常に平和の視点と自然や文化にスポットを当てて沖縄を紹介。平和ガイドのさきがけとなる。

1992年の沖縄県会議員選挙で「もっとピース、もっとフェア」を訴え当選。市民本位の政治とチャレンジ精神の旺盛さで幅広い支持を集め、3期連続当選を果たす。

2004年7月の参議院議員選挙・沖縄選挙区で全野党共闘の力で初当選。2006年11月沖縄県知事選に出馬。2007年7月参議院選挙で再選（37万6460票）。現在、国会内では無所属、内閣委員会委員。沖縄社会大衆党委員長。平和、環境、教育、女性問題を柱に活動を続けている。

家族は夫・隆（久米島出身）との間に3人の娘と孫5人。

著書『いのちの声－女性・環境・平和の視点から』（2000年）『沖縄にカジノは必要か？』（共著2003年）『沖縄－平和への道』（2005年）『沖縄戦と平和ガイド』（2008年）など。

沖縄の風よ薫れ
「平和ガイド」ひとすじの道
●二〇一三年　五月　一日――――第一刷発行
著　者／糸数　慶子
発行所／株式会社　高文研
東京都千代田区猿楽町二―一―八
三恵ビル（〒一〇一―〇〇六四）
電話03＝3295＝3415
http://www.koubunken.co.jp
印刷・製本／シナノ印刷株式会社
★万一、乱丁・落丁があったときは、送料当方負担でお取りかえいたします。
ISBN978-4-87498-514-4　C0036